あたらしい会社選びの基準 6つのクライテリア

あなたに合う会社もあれば合わない会社もある。自分で合う会社を選択することが重要。

❶ 仕 事

楽しさ	→楽しい・苦しい
自由度	→高い・低い
クリエイティビティ	→あり・なし
労働形態	→頭脳労働・肉体労働/ホスピタリティ
仕事内容	→趣味的・仕事的
社会的インパクト	→あり・なし
出張	→多い・少ない
専門職志向	→管理者・専門職

❷ 時 間 ・ 場 所 ・ 休 日

労働時間	→長い・短い
場所・時間の自由	→あり・なし
在宅ワーク	→可能・不可能
休日	→多い・少ない
長いオフ	→あり・なし

❸ 給 与 ・ 評 価

給与	→高・普通
評価システム	→上司評価・360度評価
会社ルール	→多い・少ない
人事システム	→かっちり・アバウト

❹ 会 社 ・ 経 営 者

規模	→大・中・小
IPO	→ある・ない
成長ステージ	→成長過程・成熟過程
社歴	→長・短
成長率	→高・低
利益率	→高・低
学歴重要性	→あり・なし
女性の割合	→多い・少ない
経営者	→オーナー・サラリーマン
オーナーの社歴	→学生時代企業・サラリーマン経験
経営者タイプ	→学生ベンチャー・プロ経営者

❺ 環 境

場所	→都会・田舎
オフィスの雰囲気	→楽しそう・伝統ベース
オフィスの形態	→パーテーション・コラボレーション
コンシェルジュ・サービス	→あり・なし
社員に求めるもの	→能力・カルチャーフィット

❻ カ ル チ ャ ー

カルチャー	→強い・あまりない
ダイバーシティ	→強い・弱い
競争環境	→強い・低い
社員	→まじめ・サークル的
社員レベル	→高・低
社内雰囲気	→楽しそう/遊び・プロ
ヒエラルキー	→あり・なし
服装	→自由・スーツなどある程度フォーマル

自分にとっての理想の会社を知る 3つのステップ

ステップ1 さまざまなクライテリア(働き方の要素)を分析する

ステップ2 それぞれを意識する

ステップ3 自分にあったクライテリアを見つける
(自分オリジナルのクライテリアを作っていく)

手帳にはさめる超縮小版『あたらしい働き方』――6つのクライテリアと17の必要なスキル

あたらしい働き方を手に入れる17の必要なスキル

いま求められているのは、自由にレバレッジをかけられる人。

キリトリ

【仕事のスキル】

❶自ら考え行動できる
自ら仕事を作れるか。収益が上がる仕組みを作ることができるか

❷コラボレーションできる能力
自分の考えを本質的に表現でき、誰かと一緒に考えられるかどうか

❸時間効率がハイレベル
隙間時間をどううまく使って仕事をするか

❹あたらしいハードワークができる
いいものを作りたい、いい仕事をしたいというパッションが強い

❺上下ではなく横のパートナーシップ
みんなが頑張っているから、自分も頑張ろう、というポジティブな姿勢

❻クラウドなどITを最大限活用する能力
ウェブリテラシーやモバイルデバイス活用の知識は常にアップデイト

❼売れる仕事のスキル
自分のスキルの中で、誰かに買ってもらえるようなスキルがあるか

❽考えているだけでなく、行動する力
とにかくどんどん行動し、失敗から学んでいく

❾ボーダレスに仕事をする力
(語学、異文化コミュニケーション、論理的思考)
英語を話す能力は当然の能力。異文化コミュニケーション能力が必要

【思考のスキル】

❿人間性が重要
素の自分を大事にすること。自然体でいること

⓫思考の柔軟さ
求められているのは、まったく違うものの組み合わせ

⓬不確実性を楽しめる
あたらしい時代では、はっきりと見える正解はない

⓭暗黙知、明文化されていないルールを読める能力
相手の求めているもの、相手の気持ちやニーズを考えることができる

⓮お金だけではなく、意義を感じて働く力
お金だけをモチベーションにする人は、あたらしい働き方は難しい

⓯自分自身をよく理解する能力
今自分が何をしないといけないのか、
何が必要なのか、どんなスキルがあるのか

⓰常に進化し続けられる力
自分の今までやってきたことを
完全否定できるかどうか

⓱自分のスタイルを持っている
会社以外の仲間やライフスタイルを
持っているかどうか

あたらしい働き方

a new way of working

本田直之

naoyuki honda

ダイヤモンド社

あたらしい働き方

はじめに

あたらしい働き方は、もう始まっている

取材の成果は、予想以上でした。これまでにはなかったような、あたらしい働き方をしている会社が、すでに世の中にはあるに違いない、とは思っていたのです。しかし、ここまでとは思いませんでした。

午後3時で仕事が終わってしまう会社がありました。会社からの指示命令はまったくない、と語る人たちがいました。クルーズシップをオフィスにしている社員がいる、という会社がありました。1日数時間しか働かない、という人たちもいました。社長がサーフィンをしてから出勤する会社がありました。日数制限もなくいくらでも休んでもいい、という会社がありました。海外で1年間自由に遊んでいろいろ体験してこいという会社がありました。おもちゃ箱をひっくり返したようなオフィスで、まるで大学のサークルのノリで仕事をしている

会社がありました。しかも、きちんと好業績を挙げ、利益を出している会社ばかり、なのです。

ただ、最初に申し上げておかなければいけないのは、**ラクチンで労働時間が短くて、気ままに働くことを求めて、こうしたあたらしい働き方に向かおうとしても、まず無理**だと思ったほうがいい、ということです。

たしかに、びっくりするような働き方がある。ハッピーで、心地良くて、みんながうらやむような働き方がある。しかし、そんなあたらしい働き方を実践している会社は、ラクして気ままに働きたい人を求めてはいないからです。そして**あたらしい働き方を手に入れるには、相応の能力やスキル、考え方が求められる**からです。

もっといえば、大変な競争率の中を勝ち抜かなければ、手に入れることができない働き方だからです。

本書は、すでに始まっているあたらしい働き方を紹介すると同時に、ではどうすればそんなハッピーな仕事を手に入れることができるのか、そのためにはどんなことをしなければならないのか、をお伝えしていきたいと考えて生まれました。

ワークライフバランスへの疑問

ここ数年、ワークライフバランスという言葉が、さかんに言われるようになりました。仕事に時間を費やすだけではなく、プライベートも充実させる。両者をバランスして、ハッピーな生き方を実現させる。

しかし、私はどうにもこの言葉にピンと来ませんでした。ハッピーに暮らすには、プライベートを充実させなければいけない。つまりワーク＝仕事ではハッピーになれない、ということを意味しているようにしか聞こえなかったからです。

要するに、大変な仕事と楽しいプライベートを完全に分けて、トレードオフしようということ。仕事というのは、つまらなくて、やらされ感があって、楽しくなくて、辛くて、ハッピーなものじゃないから、プライベートでカバーしよう。プライベートでこそ楽しもう。ワークライフバランスという言葉は、つまりそういうことを意味しているのではないか。もともとの意に反して、こう理解をしている人が多いと思います。

しかし、本当にそうなのでしょうか。もちろんプライベートもハッピーにするけれど、仕事の時間もハッピーで楽しい、というのが理想ではないでしょうか。働く時間というのは、実は人生で最もたくさんの時間を使うのです。その時間をハッピーにできることこそ、大切なことなのではないでしょうか。

実際、私の周りには、そんな働き方、そんな暮らしをしている人がたくさんいました。彼らにとっては、私と同じようにワークライフバランスなどという言葉はまったくピンと来ないと思います。なぜなら、バランスなど取る必要がないから。仕事も楽しいからです。

私自身、仕事とプライベートの境目など、ほとんどありません。仕事もプライベートのようであり、プライベートも仕事のようであり。両者はそれぞれに役に立って、しかも楽しい。

こんなふうに書くと、「本田さんだからできるのだ」「経営者だからできるのだ」「そういう人は本田さんの周りにしかいないんじゃないか」と思われてしまうようです。しかし、実際には、そうした働き方を手にしている人が、他にもすでにもっともっといるのではないか。次々に増え始めているのではないか。私はそう感じていたのです。

古い働き方でいれば、搾取されるだけになる

自由に、楽しい環境で、時間にこだわることなく、やらされるのではなく自発的に仕事が

できる。実は若い人たちを中心に、こんな働き方を本気で実践しようとしていた時代がかつてもありました。典型的なのは、２０００年前後のＩＴバブルの時代です。

若い創業者たちがあたらしい発想で企業を作り上げ、自由な働き方を実践しようとした。それを後押ししたのが、インターネットであり、ＩＴベンチャーブームでした。ところが、うまくはいきませんでした。結局、投資家から集めたお金を使ってあたらしいチャレンジをするだけで、事業は軌道に乗らずにひとつの時代は終わってしまいました。

10年前は、私自身も上場したばかりのベンチャー企業の経営に携わっていました。もし当時、今行われているようなあたらしい働き方について耳にしていたとしたら、「何、夢のような話をしているのか。そんなものは単なる理想論だ」と感じたのではないかと思います。

本当の経営を知らない、学者や評論家が言い出しそうなことだ。経営をやったことがないのに、よくもこんな夢物語を、と憤慨していたかもしれません。実際、やろうとしてうまくいかなかった会社を見ていて、やはり無理だったか、と思っていたものでした。

ところが、あれから10年以上が過ぎて、環境は一変しました。インターネット技術が10年前からは想像もつかないほどに進化したおかげで、当時は実現できなかったようなビジネスモデルが、ＩＴの活用が、今ではできるようになった。

経済環境も大きく変わりました。働く人たちの意識も変化しました。いろんな要素が組み合わさって、理想ともいえる働き方が本当にできるようになったのです。収益をきちんと上げながら、自由な働き方を実現させることができる時代になった。

その一方でここ数年は、今まで恵まれていた会社員が割を食う時代が来ていると感じています。とりわけ古い働き方をしている人たちです。

政権が代わり、日本の株価も上がっていますが、多くの会社がこの10年で過去最高益を出していたことは意外に知られていません。あのバブルの時代よりも、会社は儲かっていたのです。

ところが、社員の平均年収はどんどん下がっていました。結局、労働者の給料を下げて、利益を上げてきた、ということなのです。

つまり、働いている人にとっては、極めて不幸な環境になってきているということ。過去の働き方を続けている人は、搾取されるだけの時代が訪れている、と言っても過言ではないと思うのです。それは、マーケットを見ればわかります。投資家だけが儲かり、働いている人は搾《しぼ》り取られてきたのです。

しかし、それに対して文句を言ったところで始まりません。文句を言わなくてもいい自分になるしかないのです。あたらしい力をつけ、自分で勝負できるようになっていけばいい。

実際、かつてはなかったあたらしい環境のもとで、仕事をすることもできるようになっているのです。

もう、ただ辛い顔をして働くような時代ではない。自ら力をつけ、そんな環境から抜け出せる努力をこそ、するべき時代なのです。

誰もがハッピーになれる会社はない

この本を作るにあたり、アメリカと日本の17企業・1組織に取材をしました。いずれもあたらしい働き方を実践したり、研究している企業・組織です。

２０１２年10月からインタビューを開始して、アメリカではスタンフォード大学d.school、エバーノート、ＩＤＥＯ、インストラクタブルズ、キックスターター、ネットアップ、パタゴニア、セールスフォース・ドットコム、ホワイトストラタス、ザッポス、日本ではカヤック、Ｓａｎｓａｎ、スタートトゥデイ、チームラボ、ディー・エル・イー、Ｐｌａｎ・Ｄｏ・Ｓｅｅ、Liverty、ワークスアプリケーションズを取材しました。

インタビュー先の選択の基準は、ほとんどが10億円以上の売り上げを上げている企業で、利益も出して成長していて、ユニークなシステムを持っていることです。単に突拍子もない制度や取り組みをしているというだけの会社は入っていません。短期的に目立ったとしても、継続性がなければ意味がないというのが、かつて自身も経営者だった私の考え方だからです。

そして取材を通じてはっきりしてきたことがあります。**あたらしい働き方は、すでにたしかに行われているということ。やらされ感がなく、社員がいきいきと楽しく働いている会社がたくさんある。それは、企業の規模に関係なく、あるのです。**そういう会社で働けるチャンスは、実はもう開かれているということです。

しかし一方で、わかったことがあります。17の会社は、それぞれがまったく別々の特徴や価値観を持ち、まったく違う仕事が行われていました。働いているのも、同じようなタイプの人たちでは決してなかった。それぞれで違うのです。

私は思いました。では**この17社のうちの1社に入れば、誰もがハッピーになれるのかといえば、そんなことはない**のだな、と。17社でもまるで違うのです。自分に合う会社もあれば、合わない会社もある。つまり、自分で合う会社を選択する必要があるということです。

では、どうやってその選択をするのか。この選択こそが極めて大事なことになるということです。

例えば、短時間労働の魅力が語られることがありますが、本当に短時間労働が幸せなことなのか。それは、自分のライフステージとも関わっていきます。プライベートを削ってでも、むしろ集中して仕事をして力をつけるステージも必要な時があります。自分で人生を意識していないと、短時間労働が必ずしもプラスになるとは限らないのです。

会社の選び方が、変わっていかなければいけない

折しも価値観が大きく多様化する中でありながら、会社を選ぶ基準というのは、相変わらず古いままなのではないか、と私は感じざるを得ませんでした。だからこそ、ハッピーに働ける環境があっても、実は気づくことができなかったりするのです。

今、必要なことは、会社選びの基準を改めて考え直してみることではないか、ということです。自分で選択することをもっと大事にする。そのためには何が必要なのか。あたらしい働き方を追いかけていく過程で、私はそのヒントに気づくことができたのでした。

もとより、あたらしい働き方は、過去からの連続性がありません。これまでの働き方は参考にできないのです。先生や〝大人〟の言う通りにしたとしても、うまくいくとは限らない。前提が変わってしまっているからです。自分で考えなければいけないのです。

そして選択肢が広がってきているのに、そのことを知らなかったり、過去の延長線上で考

えてしまったり、古い働き方の固定観念に縛られてしまうと、これまでのいわゆる「いい会社」の条件がすべて裏目に出る危険もあると私は思っています。そのことにもぜひ、気づいておいてほしいと思います。

ニューヨーク・タイムズ紙に興味深い記事がありました。デューク大学の研究者キャシー・デビッドソンが、こんなコメントをしていたのです。２０１１年に小学生になった子どもの65%は、将来今はない仕事に就く。

どうでしょうか。数字はさておき、これはおそらく、かなりありえることだと思います。今はない仕事に就くなら、働き方もまったく違ったものになっていくはずです。遠い未来ではありません。ほんの少し先の話です。そのことを、知っておいたほうがいい。

働き方が大きく変わっていく中で、会社の選び方も、これから大きく変わっていかなければいけないのです。あたらしい時代の会社選びの指針こそが今、必要とされているのではないか。本書では、あたらしい働き方に加えて、このあたらしい会社選びの指針についても考察します。

もっとハッピーに働く方法は、実は意外に近くにある。そのことに、多くの人に気づいてほしいと思っています。

メルボルンのアイアンマンレースに向かう飛行機にて

本田直之

はじめに
あたらしい働き方は、もう始まっている……2
ワークライフバランスへの疑問……4
古い働き方でいれば、搾取されるだけになる……5
誰もがハッピーになれる会社はない……8
会社の選び方が、変わっていかなければいけない……10

第1章 あたらしい働き方がどんどん出てくる今、なぜまだ昔の基準のままで会社を選ぶのか？

20年前の就職人気ランキングの会社がどうなったか……28
リクルートがランキング発表をやめてしまった理由……29

ランキング的なものが成り立った前提が変わった……31
万人がハッピーになる会社を作ろうとしていた……33
「働きやすい会社」と「働きがいのある会社」は違う……35
社員が働きたくなる会社を作らなければいけない……38
例えば、プラットフォームとして会社を活用するという発想……41
フリーランスよりも、組織にいたほうがいい理由がある……42
今の働き方に疑問を持っている人に、光が見えてきた……45
パタゴニアやザッポスが、すべての人にとっていい会社か……47
会社を選ぶ力が、これまで以上に重要になっている……49
あたらしい企業選びの基準「クライテリアで考える」……51

あたらしい会社選びの基準 6つのクライテリア

クライテリア❶ 仕事……53

クライテリア❷ 時間・場所・休日……54
クライテリア❸ 給与・評価……54
クライテリア❹ 会社・経営者……55
クライテリア❺ 環境……56
クライテリア❻ カルチャー……56
ライフスタイルに合わせられる会社は本当にないのか……58
自分で選べたことが、満足度を高める……60

第2章 自分に合った働き方を選ぶために、考えておくべき要素とはどのようなものか？

自分に合う会社を選ぶためのあたらしいツール……64

クライテリア❶ 仕事

知名度の低い会社に新卒エントリーが3万人という理由……67
仕事は大変で苦しいものだ、という呪縛から逃れよ……70
楽しい働き方がある、楽しく働くことはできる、と知る……73
目標も自分で決める。自由に働ければ、満足度が変わる……75
社員のクリエイティビティが上がる会社……77
優秀な人材しか採用しない、と宣言して急成長を遂げる……80
趣味的だからよくて、仕事的だからよくないわけではない……83
社会的インパクト、社会に影響を与えられるという動機……86
自由を手に入れるプラットフォームとしての組織……88

クライテリア❷ 時間・場所・休日

— 人生に合わせて働き方を決める……92

「9時から午後3時まで」の6時間労働を実現させた日本企業……94
ポジティブなメッセージなら、社員は努力をする……97
時短不要、超ハードワークを公言している会社も……100
ランチも自由、週休3日も可能な裁量労働制……103
あえて出社時間を決める「自由を獲得するための不自由」……106
平日と土日を振り替えて勤務できる「どに〜ちょ」……108
1万人を超える大企業で在宅ワーク、ボランティア休暇……110
アンリミテッド・バケーション＝「日数制限のない有給休暇」がなぜ可能か……113

クライテリア❸ 給与・評価

高い給料にこだわっている会社は意外に多くない……118
それなりの額が得られれば、それ以上はガツガツ求めない……120
ボーナスが全員一律、職級で月給は全員同じ、という会社……123

評価査定がない会社も。給与は経営会議で毎月、決まる……125
上司の査定では限界。「360度評価」が増えている……129
職種ごとに、全社員のランキングを決めて発表する会社……131
目標設定は、見晴らしのいい気持ちのいい場所で……135
フィードバックは、ポジティブな言葉から始める……137
依存しないためのプラットフォームを作るという挑戦……140
人事のシステムを「人事部」「人事スタッフ」が作らない……143
これはやってはいけない、が自然に共有される……146
ピアプレッシャーがあれば、ルールはいらない……148

クライテリア❹ 会社・経営者

利益率の高さが、あたらしい働き方を可能にする……152
小売りや飲食でも、高収益の事業が作れた理由……155

規模や成長ステージは、選択のための重要な指針……157
女性の割合が多い会社は、何が違うのか……160
経営者の〝傾向〟で会社は大きく変わる……163
会社員経験のない経営者は、組織の作り方が違う……166
社歴の長い会社には、あたらしい働き方は無理なのか……168

クライテリア❺ 環境

オフィスをあえて都市部に置かない、という戦略……172
ステータスよりも、社員の生活の充実を考える……175
今や営業職もサテライトオフィスが可能に……177
プロジェクトごとハワイやベトナムで行う「旅する支社」……180
部署ごとにオフィス環境を変えている大企業……183
伝統的なオフィスで本当にテンションが上がるのか……186

壁をなくし、他人に見られていると論理的になる……188
最もクリエイティブになれるデスクセッティング……191
パーテーションのオフィスはすでに時代遅れ……194
驚くほど狭いデスクで社員を接近させている意味……197
偶然のすれ違い、会話から、何かが生まれる……200
ハウスクリーニングを、会社が代行してくれる……203
社員の家まで迎えに来てくれるシャトルバスが走る……205
食事を圧倒的においしくしている理由、タダの理由……208

クライテリア❻ カルチャー

研修で合わないと感じたなら、40万円払うので退職を……212
社員の30%は内部の社員からの紹介による……215
信頼に足る人材を採用しているので、自由でルールがなくても大丈夫……217

会社によって、カルチャーは驚くほど違う……219
他の世界を見てくることで、視野が広がる……221
他部署のメンバーと3人以内で飲んだら補助が出る……224
空いた時間をどのくらい有効に使えるか……226
優秀な同期がいるからこそ、ここで働きたい、という発想……229
会社に自由に発言できる仕組みがある……232
ヒエラルキーがフラットだから、頑張れる……235
社内はできるだけ階層を作らないようにしている……238

第3章　あたらしい働き方を手に入れるために必要なこと

求められているのは、「自由にレバレッジをかけられる人」……244

あたらしい働き方を手に入れる17の必要なスキル

【仕事のスキル】

1　自ら考え行動できる……250
2　コラボレーションできる能力……252
3　時間効率がハイレベル……254
4　あたらしいハードワークができる……255
5　上下ではなく横のパートナーシップ……257
6　クラウドなどＩＴを最大限活用する能力……259

7 売れる仕事のスキル……260
8 考えているだけでなく、行動する力……262
9 ボーダレスに仕事をする力……263

【思考のスキル】

10 人間性が重要……266
11 思考の柔軟さ……269
12 不確実性を楽しめる……271
13 暗黙知、明文化されていないルールを読める能力……273
14 お金だけではなく、意義を感じて働く力……276
15 自分自身をよく理解する能力……278
16 常に進化し続けられる力……279
17 自分のスタイルを持っている……281
あたらしい働き方を提供する会社を経営するために必要なこと……285

あたらしい働き方の会社を作るために必要な10の要素

1 粗利が高いビジネス……290
2 自由から成果・利益につなげる仕組み・体制……291
3 社員の無駄・非効率を徹底的に排除……292
4 コラボレーションする環境づくり……293
5 オフィスのロケーションを真剣に考える……294
6 管理から解放、命令から合意……295
7 クリエイティブな人事制度……296
8 ルールを減らす……298
9 カルチャーが方向性を作る……298
10 社会的意義があるか……300

DATA◎あたらしい働き方取材企業

❶スタンフォード大学d.school……302
❷エバーノート……302
❸IDEO……303
❹インストラクタブルズ……303
❺キックスターター……304
❻ネットアップ……304
❼パタゴニア……305
❽セールスフォース・ドットコム……305
❾ホワイトストラタス……306
❿ザッポス……306
⓫カヤック……307
⓬Sansan……307
⓭スタートトゥデイ……308

⑭チームラボ……308
⑮ディー・エル・イー……309
⑯Plan・Do・See（プラン・ドゥ・シー）……309
⑰Liverty……310
⑱ワークスアプリケーションズ……310

第1章

あたらしい働き方がどんどん出てくる今、なぜまだ昔の基準のままで会社を選ぶのか？

20年前の就職人気ランキングの会社がどうなったか

大学生の就職といえば、今なお大きな影響力を持っているものに、就職人気ランキングがあります。このランキングを見て、就職先のヒントにする。就職先を絞り込んでいく、という学生は今も少なくないようです。ところが過去のデータをよくよく見ていて、私はびっくりすることになりました。

私が就職活動をしたのは、1990年。当時の就職人気ランキングを眺めていて、あることに気がついたのです。ランキングに出ていた会社のうち数社が合併して名前がもう存在していなかったり、倒産や破綻に追い込まれてしまったりしていました。

合併して存続しているのだから、なくなったわけではない、ともいえますが、合併というのは、中にいる社員にとってはどのようなものなのか。

例えば、A銀行でキャリアパスを積んできた人が、B銀行と合併して、C銀行になった。そうすると、A銀行で作ってきたキャリアパスは、もう意味をなさなくなるのです。C銀行は、A銀行とはまったくの別会社なのですから。しかも、同期入社はA銀行とB銀行を合わせた数。とんでもない数になります。支店の数も当然、リストラで減ってしまう。

A銀行を選んだときに、「自分はこんなふうにキャリアを積んでいければ」「あの先輩のように成長していければ」と思っていたことは、まず実現できなくなった、と考えるべきだということです。合併で本流から外れてしまう、子会社に行かざるを得なくなるなど、厳しい状況に置かれてしまうリスクも高まるかもしれない。

驚くべきは、人気ランキングのトップ10社にも、破綻した会社や合併した会社が並んでいたことです。

ある人がこう言っていました。就職人気ランキングというのは、20年後に消える会社のリストではないか、と。厳しい言い方かもしれませんが、実際20年後にそうなっていたのです。

リクルートがランキング発表をやめてしまった理由

就職人気ランキングをめぐって、2012年にひとつの異変が起きました。**1965年から50年近くにわたって就職人気ランキングを調査し、発表し続けてきたリクルートが、就職人気ランキングを廃止する、今後はもうやらない、と発表**したのです。

リクルートといえば、新卒採用のみならず中途採用においても、日本の就職に大きな影響力を及ぼし、その仕組みを作り上げてきたといってもいい会社。かつて紙のメディアで展開されていた就職情報は、今やリクナビに代表されるインターネットメディアに置き換わっていますが、その大胆な転換をリードしてきたのも、リクルートでした。

そんなリクルートが今、就職人気ランキングを廃止した。その事実こそ、すべてを物語っていると私は思っています。

リクルートは廃止を決めた理由をこう説明しています。大学・短大の進学率も上昇し、学生の価値観も多様化している。一律で人気企業ランキングを発表する意義が薄れた、と。つまり、もうランキングでは就職の価値は測れなくなっているのです。

端的に言ってしまえば、**昔の一律ランキング的な基準で物事を見ていたのでは、うまく会社を選ぶことはできなくなってきた**、ということ。それを、はからずもリクルートが、人気ランキングの廃止という形で世に宣言してしまったのだと思うのです。

しかも20年前のランキングを見てみると、会社選びにおいて正しいランキングだったとは決していえなかったこともわかった。もしかすると、40年前や30年前にはそれで良かった時期もあったのかもしれませんが、もう時代は変わってしまったということです。変化の激しい時代になって、一律の人気ランキングのようなものは通用しなくなってしまっていたのです。

もう、かつての会社選び、仕事選びの指針は古くなっている。これからは、あたらしい物差しで、会社や働き方を見つけなければいけなくなっている、ということです。

ランキング的なものが成り立った前提が変わった

もとより、就職人気ランキングのベースになっているのは、コマーシャルで見て知った会社だったり、ということだったと思います。面白い会社、ユニークな会社や、社会人にはよく知られたB to Bの優良企業などはまず出てこない、ということは、社会人の多くが言ってきたことでもあります。

しかし、学生にはそんな情報を集める力はありませんでした。会社の情報は、簡単に集められるものではなかった。ところが今は、膨大な情報がインターネットをはじめ、世の中に溢れる時代になっています。にもかかわらず、どうして今なお、古いやり方で、昔の基準で会社を選ぶのか。仕事を見つけようとする必要があるのでしょうか。

そもそも、かつてランキングが成り立ったのは、大きく変わりはない会社、もっと平たく言ってしまえば似たような会社ばかりだったから、というのも大きかったのではないかと私は思っています。勤務時間も勤務地も、キャリアパスもヒエラルキーも、実のところ大差はない。わずかに違う給料や、会社ブランドや福利厚生、社員がいい大学を出ているか、程度しか差がなかった。カルチャーが違うといっても、せいぜい組織の××とか、人の△△とか、そのくらいが言われるくらいだったのではないでしょうか。

しかし、今は状況が変わってきていることに気づかなければいけません。いろんな面白い会社、ユニークな会社が出てきているし、それがインターネットを中心にどんどん情報公開されています。働き方も違うし、働く価値観も違う。給与体系も大きく変わったし、そこから生み出される喜びも違う。カルチャーもまったく違う。

横断的なランキングというのは、みんなが同じ方向を向いていた時代、似た企業ばかりが顔をのぞかせていた時代には、合っていたのだと思います。多様性がなかった時代です。しかし、今のように人の考え方が多様化している時代には、一律のランキングは相当に無理があるのです。誰もが「この会社はいい」とはならなくなってきている。いいと思う人がいても、そうでない人もいたりする。価値観が多様になっている。ランキングが意味を失ったのは、そういう背景があったのだと思うのです。

それこそ、マス・マーケティングが通用しなくなっているのと同じ理屈、といえるかもしれません。大規模に展開される広告を見ているだけでは、もう人はモノを買わなくなっています。自分らしい選択に、目覚めてしまっているからです。

ところが、自分らしさを大事にしたいと考えているのに、どうして就職だけはランキング的なものを見るのか。ちっとも自分らしくないじゃないか、と思うわけです。

万人がハッピーになる会社を作ろうとしていた

もちろん多くの企業も、こうした変化には気づいていたのだと思います。そこで、就職でより注目される会社になるべく、いろいろな手立てを打つようになりました。そのひとつの大きなテーマが今、ワークライフバランスなのではないかと感じています。

例えば、日本経済新聞が発表している「働きやすい会社」ランキングがあります。さて、このランキングを眺めて、読者のみなさんは、どのような印象を持たれるでしょうか。

このランキングのベースになっているのは、ワークライフバランスを充実させるべく導入された、企業の人事・労務制度の充実度です。それを点数化している。つまり、制度や仕組みをどのくらい作ったか、ということ。一律の価値観に基づく評価のみ。それが「働きやすさ」につながるという認識です。さて、本当にそうなのでしょうか。

もとより「働きやすさ」とは、いったい何なのでしょうか。それは、制度によって実現されるものなのでしょうか。もっといえば、社員は「働きやすさ」を本当に求めているのでしょうか。

日本企業、とりわけ伝統的な大企業は、もしかすると、「万人がハッピーになれると思える会社」を目指してきたのではないかと私は感じています。そしてそれは、右肩上がり経済で人口も増えていくという、高度経済成長期の一時期にはたしかに成り立ったのかもしれません。しかし、すでに時代は大きく変わっているのです。何より、働く人々の価値観が多様化してしまっている。

にもかかわらず、今も発想のベースは変わっていないのではないでしょうか。万人がハッピーになれると思えることを目指そうとしているように見える。

しかし、求めるものが、さまざまである状況で、万人をハッピーにしようとすると、すべてが中途半端なものになって、むしろ誰にも合わない会社になりかねないのです。

大事なことは、社員が何を求めているのかという価値をはっきりさせ、それを追求することです。仮にそれが、全社員にとってのハッピーにならなかったとしても、です。そうすることで初めて、意味を持った表面的ではないものになる。見え方は、まるで変わるのです。

多様な価値観のある社会というのは、誰かがアンハッピーになるかもしれないことを恐れ

ずに大胆な取り組みをすることによって、誰かがすごくハッピーになる社会ではないでしょうか。全員をハッピーにしようとすると、むしろ誰もハッピーになれない可能性も高くなると思うのです。

「働きやすい会社」と「働きがいのある会社」は違う

一方、**Great Place to Workという組織が、「働きがいのある会社」ランキングを発表**しています。この組織は、「働きがい」に関する調査・分析を行って、一定の水準に達していると認められた会社や組織を有力なメディアで発表する活動を世界40カ国以上で実施している専門機関です。

アメリカでは「フォーチュン」に、日本では「日経ビジネス」「日経ビジネスオンライン」にこの組織による「働きがいのある会社」ランキングが掲載されています。

ランキングを見てみると、「働きやすい会社」ランキングとまったく違った顔ぶれになっていることにお気づきだと思います。

このランキングは、調査を自ら希望した企業だけで構成されるため、特定企業のみによるランキングになっているので、一概に両者を比較することはできません。また、このランキングが先のランキングよりも優れている、というつもりもありません。

しかし、少なくともいえることは、こちらは実際に働いている社員に調査を行って、「働きがい」を調査しているということです。

そして注目しておきたいのが、**「働きやすい会社」と「働きがいのある会社」は似て非なるものである、**ということです。

「働きやすい会社」が、働く人にやさしい、とか、充実した制度がある、など、働きやすさを強調しているのに対して、「働きがいのある会社」は違うのです。

優秀な人材が自らの成果を出しやすい会社かどうか、そのためのサポートを真剣にやっているかどうか。人が資産だと本気で思い、社員が成果を出して成長できる環境を作っているかどうか。よりいい発想を生み出してくれるための、仕事に打ち込める環境が用意されているか。働くことで自分が成長できるか…。そういうところにフォーカスが当たっているのです。

さて、読者の皆さんが関心を持たれたのは、「働きやすい会社」でしょうか、「働きがいのある会社」でしょうか。そして、企業が目指すべきは、どちらだと思われるでしょうか。また、どちらを求める社員を、企業は求めていると思われるでしょうか。

2013年版
日本における「働きがいのある会社」ランキング

1位
グーグル

2位
日本マイクロソフト

3位
Plan·Do·See

4位
ワークスアプリケーションズ

5位
サイバーエージェント

6位
アメリカン・エキスプレス

7位
ザ・リッツ・カールトン東京

8位
トレンドマイクロ

9位
三幸グループ

10位
ディスコ

＊Great Place to Work® Institute Japan
2013年版日本における「働きがいのある会社」ランキングより（2013年1月25日発表）
参加180社 うち250人以上企業
104社によるランキング

働きやすい会社ランキング2012

1位
パナソニック

2位
日立製作所

3位
東芝

4位
ダイキン工業

5位
ソニー

6位
第一生命保険

7位
富士フイルム

8位
キヤノン

9位
イオン

10位
損害保険ジャパン

＊日本経済新聞社
2012年の「働きやすい会社」調査より
（2012年9月29日発表）

今、企業は重要な岐路に立たされています。人材の採用がこれまで以上に重要になっているからです。本当に社員のことを考え、社員のために会社を作ることに本気で取り組まなければいけない時代になっています。

大量生産、ルーチンワーク、効率化といったキーワードでは、もはやビジネスは大きな成功を勝ち取れなくなってきているからです。クリエイティビティやアイディアで、会社が一変してしまう時代になっている。個々の人材が、極めて大きな存在感を持っているからです。

社員が働きたくなる会社を作らなければいけない

実際、クリエイティビティを発揮して、あたらしいものを生み出してくれる人材を抱えておかないと、会社は競争を勝ち抜けません。それこそ、ルーチンワークはアウトソーシングしてしまえば事足りる時代です。単純労働者のような人材は、社内には必要なくなってきています。

人材が大切、人材こそ会社の資産…。どの会社も昔からそう言ってきました。しかし、どのくらいの会社が本気でそう言っていたのか、と訝しんできた人も少なくなかったのではないかと思います。

単純労働者のような人材が多かった時代は、会社は「人材こそ大切だ」と言いながら、その実践が伴っていたとはとても言い難かったのではないかと思うのです。給料だって、はたしてたくさん支払われていたでしょうか。「君たちは大切だ」と言って社員を気持ち良くさせる一方、いいように使ってきた、ともいえる。それが現実だったのではないかと思うのです。

学者やメディアも「人材こそが資産だ」と後押しするけれど、彼らは経営をしたことがありません。結局、それは中途半端なメッセージとしてだけ流れていったような気がするのです。

ところが今は、クリエイティブな仕事に限らず、あたらしいアイディアを持っている人、あたらしい事業を生み出せる人、自ら動ける人を、企業は本気で必要としています。なぜなら、そうした人材の存在で会社は一気に変わってしまうから。この事実について否定する人はまずいないでしょう。

人と同じことをしていても競争には打ち勝てないのです。世の中をあっと言わせるあたらしいアイディアが必要なのです。アップル製品は、その象徴的な存在です。

「働きがいのある会社」ランキングに企業がわざわざ参画するのは、社員が働きがいを持つ

会社を作ることが、実は企業の競争力を高めるということに気づいているからです。

自ら能力を発揮したい、と考えている人たちは、自らの力を本気で発揮できる環境を求めているのです。これはアメリカにおいてもそうですし、すでに日本でもそうなっていると思います。やらされ感ではなく、自発的に頑張れる。そんな会社が必要とされているのです。「働きやすい会社」を作るのではない。「働きがいのある会社」を作ることが、企業の命運を分けることになる。社員が働きたくなるような会社を作らなければいけない。そういう時代が、すでにやってきているということです。

実際、今やアメリカでは、優秀な社員、クリエイティビティを持った社員の獲得競争になっています。選ばれる会社、魅力ある会社にしていかないと、優秀な社員は来てくれない。それこそ、ベンチャーで人気企業になっているようなところは、働く環境にせよ、仕組みにせよ、相当な努力をしているといえます。

そこで生まれてきているのが、あたらしい働き方、なのです。

例えば、プラットフォームとして会社を活用するという発想

あたらしい働き方は、会社側が用意するというだけではありません。働く側も、そろそろ大きく意識を変えておいたほうがいいのではないか。私はそう思っています。

働きがいのある仕事なんて、日本で手に入れられるのか、と思っている方もいらっしゃるかもしれません。しかし、すでにそんな働き方を日本でしている人も、私は決して少なくないと思っています。私の周りには、日本の伝統的な大企業に勤めながら、そうした仕事を手に入れている人もいます。中には、独立したり、フリーランスになれる力がありながら、あえて組織から出ようとしない人もいる。私は、これこそがあたらしい働き方の感覚だと思っています。

例えば、**プラットフォームとして会社を活用する、という発想**があります。いい意味で会社を利用する。**会社や組織を、自分の成果を上げるための場にしてしまう**。プラットフォームを、面白いことをする場として捉えてしまう。会社と自分との関係を、依存関係ではなく、共存関係にするのです。

こういう働き方をしている人は、実は昔もいました。会社にほとんど来ないけれど、大き

な成果を出している。そんな〝自由人〟のような人も、中にはいたわけです。しかし、一部の変わった人、というのが会社や組織の認識だったのではないでしょうか。ところが今は、そういう人材をむしろ求めている会社も出てきている。そして、そういう働き方を積極的に後押ししてくれる会社もあるのです。

かつては「変わった人」扱いだった、クリエイティブで面白い仕事、楽しい仕事をしようとする人が、活躍できる環境がどんどんできているということです。

あたらしい働き方においては、求められる能力が、過去のエリートの能力とは変わってきているのです。それさえ理解していれば、必ずしも無理に会社の外に出る必要はありません。「やっぱり自由な働き方、楽しい仕事をするには会社を辞めないといけないのか」と思う方も少なくないようなのですが、今や会社を辞めなくても、かつてはできなかったような仕事が、会社でできる時代になっているのです。

フリーランスよりも、組織にいたほうがいい理由がある

今回の取材でも、興味深い話を聞くことになりました。独立やフリーランスはたしかに魅

力は大きいと思います。一国一城の主となって、好きなことができる。好きなようにできる。誰にも管理されたりすることなく、働きたいように働ける。

しかし、それができることと食べていけるだけの売り上げが確保できることとは、まったく別の話です。食べていけるだけの売り上げがあるからこそ、好きなことができる楽しみも味わえるわけです。

実際、独立したり、フリーランスになったはいいものの、食べていくための仕事にがんじがらめになってしまう、というケースはなくはないといいます。独立した、フリーになったからといって、好きな仕事ができるとは限らないのです。本来はやりたくない仕事まで、無理に引き受けざるを得なくなったりすることもある。会社員時代よりも圧倒的に長時間、働かざるを得なくなることもある。頭を下げて得意ではない営業に走らないといけないかもしれない。

やりたいことがやりたくて独立したのに、やりたかった仕事がちっともできない。成長もできない。勉強をする時間も確保できない。そういうことも起こりうるのです。

さらにいえば、すでに信頼関係が成り立っている会社や組織だからこそ、大きな仕事を獲得できる、という事実があります。独立したばかり、フリーランスになったばかりの人に、はたして大きなプロジェクトが簡単に委ねられるでしょうか。そんなことは、なかなかないでしょう。

実は、組織の中にいるメリットも大きいのです。組織を使うからこそ、大きな仕事に出会える可能性がある。組織が持っている設備が使える。苦手なことは、あえてしなくていい。さらにいえば、生活の心配をせずに、やりたい仕事に向かえる。

会社はまさにプラットフォームだと気づければ、むしろ独立やフリーランスになるよりも、自分の仕事人生にはプラスになる可能性だってあるのです。

そして、**あたらしい働き方を取り入れている会社には、この感覚を強く持っている会社が多い。**プラットフォームとして積極的に活用してくれ、という認識がある。だから、独立やフリーランスを選ぶよりも、こうしたあたらしい働き方に多くの優秀な人材が向かっているのです。

会社から独立しないと自由はない、などという時代ではもはやなくなっています。会社を辞めなくても、理想を追求できる会社はあるのです。必要なのは、発想を変えることです。

今の働き方に疑問を持っている人に、光が見えてきた

古い働き方では、働き方が管理されました。しかし、成果は把握されるだけで、評価もあまりされませんでした。なぜなら、年功序列だから。給料に大きな差をつけると、秩序が乱れるとされているから。

しかし、あたらしい働き方を採用している多くの会社では、そうではありません。**成果は管理され、承認され、評価され、賞賛されます。**会社にもよりますが、驚くほどの成果主義が行われている会社もある。逆に、まったく競争環境は作らない、という会社もあります。

そして働き方は管理されません。個人に委ねられます。細かな指示は飛んでこない。自由に、好きにしていい。だから、仕事が面白いものになる。クリエイティビティが発揮できる。

ワークライフバランスではなく、ワークとライフは融合しています。ワークとライフはインテグレーションされるものになる。お互いがハピネスをより高めてくれる。そういう存在になるのです。

そんなあたらしい働き方ができる会社が、アメリカでも、日本でもどんどん増えています。

この本の取材で、そのことが改めてよくわかりました。それを私は、多くの人に知ってもら

いたいと思っています。日本でも、従来型の働き方に疑問を持っていた人たちは、たくさんいると思いますが、そういう人には、大きな光が見えてきているのです。

しかし、ではあたらしい働き方を実践する会社が、誰にとっても幸せなのか、といえば、必ずしもそうとは言い切れない、ということも同時に伝えておかなければならないと思っています。

なぜなら、誰もが自由を求めているわけではないからです。管理されたい、ルールがしっかりあるところがいい、そのほうがラクだから、という人も世の中にはいます。そういう人は、あたらしい働き方には向いていない。従来型の、管理される働き方のほうがいいのかもしれない。

逆に、自分の能力をもっともっと発揮していきたいという人たちにとってみると、従来型の会社ではなかなか満足することは難しかった。自分が生きないし、悶々としてしまっていた。ストレスもたまるし、不満も沸き上がった。

私自身、拘束されたり、自由を束縛されることが極めて嫌いなので、そういう人の気持ちは本当によくわかります。自由でいたい人には、従来型の会社は極めて窮屈で辛いものでした。

だからこそ、あたらしい働き方ができる会社は大きな可能性を秘めていると思うのです。

パタゴニアやザッポスが、すべての人にとっていい会社か

　そしてもうひとつ、ではあたらしい働き方に合う人が、あたらしい働き方を実践している会社に入社したならば、それで幸せになれるのか、といえば、実は必ずしもそういうわけではない、ということにも注意が必要です。なぜかといえば、**あたらしい働き方を実践している会社は、実はさまざまな価値観を持ち、さまざまな仕組みで経営されている**からです。

　例えば、今回、取材対象企業の1社になったパタゴニアという会社があります。環境に配慮した機能的なアウトドアスポーツ用品を作るメーカーとして世界的に知られている会社です。

　創業者イヴォン・シュイナードの著書『社員をサーフィンに行かせよう』（東洋経済新報社刊）は、アメリカでも日本でもベストセラーになりました。いい波が来れば、勤務時間中いつでもサーフィンに出掛ける。そんな風土は、自由な働き方を求める人たちにとっては、まさに垂涎の会社といえます。アメリカの本社では、今も月に全社員と同じくらいの人数の人たちが働きたいと応募してくると聞きました。

　しかし、ではパタゴニアで働くことが、従来型の働き方ではないあたらしい働き方を求め

るすべての人に合致しているのかというと、そんなことはないのです。実際、大きな憧れを持ち、大変な競争率をくぐり抜けてパタゴニアに入社したのに、残念ながら短期間で退職してしまう社員もわずかながらいるのだそうです。

そしてそれを、会社も仕方がないこととして認めています。取材ではこんな声が聞こえてきました。

「セルフマネジメントができる人には、こんなラッキーな会社はない。しかし、セルフマネジメントができない人にはこんな辛い会社はないかもしれない」

もう1社、こちらも創業者トニー・シェイの著書『顧客が熱狂するネット靴店　ザッポス伝説』(ダイヤモンド社刊)がベストセラーになった、インターネットで靴を販売しているザッポスにも取材に行きました。

顧客の心を揺り動かすためなら、ほとんど何をしてもいい、と言われるほどの裁量権をコールセンターのオペレーターが持っています。ここで、感動のサービスが日々生まれていることが本には記されているわけですが、実際に社員は本当にイキイキと伸び伸びと仕事をしていました。まさにエクセレントカンパニーとして、あたらしい働き方を実践している会社といえます。

しかし、では**ザッポスが誰にでも合う会社なのかというと、私は違うと思いました。この会社にも合う人、合わない人が確実にいる**と私は感じたのです。

会社を選ぶ力が、これまで以上に重要になっている

つまり、たとえあたらしい働き方を求め、あたらしい働き方を実践している会社に入ったとしても、誰にとっても心地良い会社であるとは限らない、ということです。

古い従来型の一律ランキング的な価値観のもとでは、選択も極めてシンプルでした。何より、万人がハッピーになるような会社を目指そうとしていた、似たような会社ばかりだったのです。逆にいえば、尖った部分が小さかっただけに、大概の人がそれほど大きな苦労をすることなく馴染むことができた、ともいえます。

しかし、あたらしい働き方の会社はそうではない。ある部分においては、極めて強い意志で会社が取り組んでいます。例えばパタゴニアでいえば、**徹底的に自由であること。そうであるがゆえに、この徹底的な自由さに馴染むことが難しければ、社員は苦しくなります。**

ザッポスも同様です。**ザッポスは、極めて強いカルチャーが社内に浸透しています。熱いそのカルチャーに自然に馴染める人には本当に心地良い会社になりますが、馴染めない人には厳しい。**世の中で素晴らしい会社だと言われていても、合わない人にはまったく合わない、ということです。

だからこそ、ここで重要になってくるのが、会社を選ぶ力なのです。そしてこのとき、従来型のランキング的な発想で会社を選ぶことはできません。

なぜなら、それぞれの会社で、まるで価値観が違うからです。パタゴニアとザッポスを、どちらが優れた会社なのか、などと評価しようとすること自体が、極めてナンセンスです。どちらも優れた会社。それ以上に言いようがないのです。

これは、今回取材した日本とアメリカの会社にも言えることです。単純に比較して、ランキングなど作れるものではない。なぜなら、それぞれの会社ごとに、価値は本当に多様だからです。

そして今後は、おそらく多くの会社がこうした方向に進んでいくと私は見ています。価値を尖らせ、はっきりさせていく。その価値を認め、求める人にアピールしていく。そうでなければ、人を強く惹きつけていくことができなくなるからです。

つまり、人材採用がより重要視されていく中で、会社も人を惹きつける努力をしなければいけないけれど、会社を選ぶ側も、多様な価値を自分で選り分け、受け止める力を持たなければいけないということです。

これから間違いなく必要になるのは、自ら会社を選ぶ力なのです。昔の基準のままのランキング的発想ではなく、あたらしい時代に合った切り口で会社を選ぶ。それは、あたらしい働き方の会社のみならず、次第に価値観を多様化させてきている、従来型の会社を選ぶ際にも大きな示唆を与えてくれると私は考えています。

今、会社の選び方を、大きく変えなければいけない時代に来ているのです。とりわけあたらしい働き方を考えるとき、自分に合う会社、合う仕事を見分けることは極めて重要になるのです。

あたらしい企業選びの基準「クライテリアで考える」

実は当初、この本は、自由なあたらしい働き方をする企業を単純に紹介することを考えていました。多くの人に、そうした会社に気づいてもらって、飛び込んでもらうことがハピネスにつながるのではないか、と考えたからです。

ところが、取材をしていく過程で、そんなに簡単な話ではないぞ、と思い至りました。例えば自由といっても、その自由度にはそれぞれ濃淡があったからです。オフィスはどこも斬新でしたが、その斬新さの意味するところはそれぞれ違うのです。労働時間は短いほうがいいと思っていましたが、必ずしもそうではない、ということにも気づかされました。自由な勤務時間を謳歌する人がいる会社がある一方で、超ハードワークでありながら、嬉々として社員が働いている会社もあったからです。

企業によって、それぞれこだわっているところが、まるで異なっていたのです。一方で、そこで働く人たちのこだわりもさまざまでした。

何より重要だと思ったポイントは、働き方の要素＝クライテリアがたくさんあるのだ、ということです。それをきちんと認識しておく必要があるのです。

パタゴニアは素晴らしい会社であることは間違いないのですが、パタゴニア的な自由さだけが素晴らしいわけではない。ザッポスも素晴らしい会社ですが、ザッポス的なものだけが、素晴らしいわけではない。

では、パタゴニア的な素晴らしさと、ザッポス的な素晴らしさは何が違うのか。それこそが、クライテリアを分解して、比べてみればいいのではないか、ということだと気づいたのです。

さまざまなクライテリアをきちんと分類し、それぞれを意識し、トータルに組み合わせたものを作ってみる。それこそが、自分にとっての理想の会社です。これが、会社を選ぶ際の基準になるのではないか、と。

以下が、私の作ったクライテリアです。

あたらしい会社選びの基準

6つのクライテリア

クライテリア1 仕事

楽しさ　→楽しい・苦しい

自由度　→高い・低い

クリエイティビティ　→あり・なし

労働形態　→頭脳労働・肉体労働／ホスピタリティ
仕事内容　→趣味的・仕事的
社会的インパクト　→あり・なし
出張　→多い・少ない
専門職志向　→管理者・専門職

クライテリア2 時間・場所・休日

労働時間　→長い・短い
場所・時間の自由　→あり・なし
在宅ワーク　→可能・不可能
休日　→多い・少ない
長いオフ　→あり・なし

クライテリア3 給与・評価

給与　　　　　→高・普通
評価システム　→上司評価・３６０度評価
会社ルール　　→多い・少ない
人事システム　→かっちり・アバウト

クライテリア④

会社・経営者

規模　　　　　→大・中・小
ＩＰＯ　　　　→ある・ない
成長ステージ　→成長過程・成熟過程
社歴　　　　　→長・短
成長率　　　　→高・低
利益率　　　　→高・低
学歴重要性　　→あり・なし
女性の割合　　→多い・少ない
経営者　　　　→オーナー・サラリーマン

オーナーの社歴　↓学生時代起業・サラリーマン経験
経営者タイプ　↓学生ベンチャー・プロ経営者

クライテリア5
環境

場所　↓都会・田舎
オフィスの雰囲気　↓楽しそう・伝統ベース
オフィスの形態　↓パーテーション・コラボレーション
コンシェルジュ・サービス　↓あり・なし
社員に求めるもの　↓能力・カルチャーフィット

クライテリア6
カルチャー

カルチャー　↓強い・あまりない
ダイバーシティ　↓強い・弱い
競争環境　↓強い・低い

社員 ↓まじめ・サークル的
社員レベル ↓高・低
社内雰囲気 ↓楽しそう／遊び・プロ
ヒエラルキー ↓あり・なし
服装 ↓自由・スーツなどある程度フォーマル

このほかにも、自分オリジナルでクライテリアを作っていく必要があると思います。覚えておいてほしいのは、**選択肢のどちらが正しいということではなく、自分に合ったクライテリアを見つけることが重要**なのだということです。「給料が普通でも自由度が高いほうがいい」とか「給料が高ければ、労働時間が長くてもいい」など、人によって仕事に対する価値観は違うと思います。どれが自分に合っているのか、見つけることが大切なのです。

次章は、このクライテリアのカテゴリーごとに、あたらしい働き方とはどういうものなのか、取材でもらったコメントを活用しながら、解説していきたいと思います。

そうすることによって、あたらしい働き方、そしてクライテリアの考え方が、より鮮明にイメージしてもらえると思います。

ライフスタイルに合わせられる会社は本当にないのか

もうひとつ、あたらしい働き方を求めるときには、意識しておかなければいけないことがあります。理想とする働き方を追求するわけですから、得られるものも大きいと同時に、セットになってくるものがある、ということです。それが、責任です。

今回、取材をした会社でも、多くがルールもほとんどない、自由に仕事を社員に委ねていました。しかし、**ただ自由があるわけではなくて、そこには責任がセットされていました。成果をしっかり出す、ということ**です。

つまり、成果をしっかり出せる能力が求められるということ。実のところ、今回の取材で改めて感じたことは、あたらしい働き方を手に入れられるのは、求める人のすべて、というわけにはいかない、という現実です。

しかも、単に成果を出せるだけの高い能力があればいい、というわけでも必ずしもないのです。ハードルは決して低くありません。**ハッピーな仕事を手に入れるには、それなりの覚悟と努力、能力が必要になるということ**です。これについては、第3章で具体的に解説していきたいと思います。

逆に言えば、**あたらしい働き方が求めるヒューマンスキルを持っていれば、大きな可能性が広がる**、ということも言えます。

例えば以前、話を聞いて衝撃を受けたことがあります。子どもを持ちながら働いている女性が、どれほど金銭的負担を強いられているか、という内容でした。保育園料、ベビーシッター代、子どもが風邪をもらったら大変だからと移動に使っているタクシー代、通勤時間を短くするために都心近くに住むので家賃も高額…。いろいろ計算すると、働いていることによって、子育てコストは月20万円ほど増えているのではないか、というのです。これでは、せっかく働いた収入のほとんどを持って行かれてしまいかねない。何のために働いているのか、と。

どうしてそんなことになってしまうのかというと、既存の会社で働いていたら、保育園に預けるしか選択肢がないからです。しかも、終業時間が遅いので、ベビーシッターをお願いするしかない。かといって、会社を退職してしまうとキャリアが中断してしまう。

しかし、そんなことはしなくてもいい会社だって、すでに世の中にはある、ということにも気づいておいてほしいのです。連続で働かなければいけない、という概念をなくし、途中で子どもを送り迎えしたり、在宅ワークを可能にしている会社だってあります。午後3時に終業時間を迎えられる会社もある。細切れの時間でかまわないから能力を発揮してほしい、という会社もあります。

あたらしい働き方が求めるヒューマンスキルがあれば、そういう選択も可能になるわけです。子どもが生まれたら、保育園に預けるしかない。高い費用をかけるしかない。そうした思考停止に陥ってはいけません。視野を広げることができれば、もっと豊かな暮らしができるようになるのです。

実のところ、現在の物事を過去の連続でしか考えない人がほとんどです。しかし、それでは苦しい思いをするだけ。あたらしい動きが起きていることにアンテナを立てるべきです。そうすれば、苦しみの負のスパイラルから逃れられると思うのです。

自分で選べたことが、満足度を高める

インターネット時代を迎えて、情報はますます増えています。ところが、選択肢が大きくなりすぎて、あたらしい時代には本来は機能しないはずの一律的なランキングに逆に頼ってしまっている、などという声も聞こえてきます。

まさに本末転倒です。それは自分の人生を、他人の価値判断に委ねるということだから。

その意味で考えると、あたらしい時代、あたらしい働き方が可能になった時代は、必ずしもいいことばかりが待っているわけではない、ともいえます。

選択肢が増えた時代だからこそ、自分でしっかり基準を設けていかないと、選択に苦しむというストレスを逆に生んでしまいかねないのです。しかし、自分に合わない会社を選んでしまったなら、もっと辛い毎日が待ち構えることになります。それが、キャリアのスタートであればなおさらです。だからこそ、しっかりした選択眼を持っておくことが重要になります。

誰にとっても正しい答え、というのはもはやない時代です。一人ひとりが、正しい答えを探さないといけない。

そういえばランキング全盛の時代にあっても、そんなものには目もくれなかった人たちもいました。神戸にかつて住んでいた私の友人は、学校の友達や周囲の子どもに親が大企業の会社員という人がほとんどいなかったそうです。むしろ、自分で事業を起こし会社を経営したりすることが、大人の仕事としては当たり前として育てられた。

そんな環境の中で育ったからでしょう。まったく〝大企業信仰〟がありませんでした。実のところ、今も地方に行けば、都市部ほどの大企業信仰はなかったりします。ランキング文化の真ん中にいると、そこに簡単に巻き込まれてしまいかねない。さらに自分の中に何も基準がないと、あっという間にそういうことになってしまうのです。

職業には幅広い選択肢があります。今はそれが、ますます大きなものになっている。公務員がいてもいいし、小さなベンチャーを好む人がいてもいい。大事なことは、自分に合う選択ができるか、ということです。

実際のところ、その選択がうまくできた人こそ、高い満足度を得られている人なのではないでしょうか。**結局、就職における満足度とは、自分でしっかり選べたかどうか、ということに尽きると思うのです。それが、入社後の満足度を大きく左右する。**

では、次章から、その選択の材料となるクライテリアとともに、あたらしい働き方を見ていきましょう。

第2章

自分に合った働き方を選ぶために、考えておくべき要素とはどのようなものか？

自分に合う会社を選ぶためのあたらしいツール

多くの社員がハッピーに働く、これまでになかったようなあたらしい働き方の会社がある。でも、そこで働けば誰もが必ずしもハッピーになれるとは限らない…。前章では、そんな事実について触れましたが、では自分に合う会社を見つけるにはどうすればいいのか。

その重要なヒントになるのが、**「自分に合った働き方を選ぶために、考えておくべき要素」**（ここでは**クライテリア**と呼びます）です。私なりに41個を挙げていますが、人によっては自分なりのクライテリアをここに加えてもいいと思います。

働くときに何を重視したいのか、実はどんなところが気になっているのか…。〝万人受けする〟従来のランキング型の発想ではなく、自分に合うという基軸で会社を選んでいくためのツールです。

本章では、私が掲げた41個のクライテリアを、よりイメージしやすいように、

クライテリア❶仕事

クライテリア❷時間・場所・休日

クライテリア❸給与・評価
クライテリア❹会社・経営者
クライテリア❺環境
クライテリア❻カルチャー

の6つに分類しました。その上で、取材した17の企業・1組織が、こうしたクライテリアをどのように実現しているか、またそのクライテリアに対してどんな考え方を持っているか、さらにはあたらしい働き方を実現させるためにどんな努力をしているか、など、取材をもとにさまざまな角度で解説していきたいと思います。

冒頭でも触れましたが、もうすでに世の中には、びっくりするようなあたらしい働き方があって、本当にハッピーに仕事をしている社員がいるのです。その事実を、ぜひ知ってほしいと思います。

クライテリア① 仕事

楽しさ →楽しい・苦しい
自由度 →高い・低い
クリエイティビティ →あり・なし
労働形態 →頭脳労働・肉体労働／ホスピタリティ
仕事内容 →趣味的・仕事的
社会的インパクト →あり・なし
出張 →多い・少ない
専門職志向 →管理者・専門職

知名度の低い会社に新卒エントリーが3万人という理由

Great Place to Workの「働きがいのある会社」ランキングの日本の調査で、知名度の高い会社や大企業に交じって、無名の会社が入っていることにお気づきになった方もおられるかもしれません。例えば、堂々第3位に付けている会社が、Ｐｌａｎ・Ｄｏ・Ｓｅｅ（プラン・ドゥ・シー）という企業です。上場企業ではありません。社会人を長く経験している人は、もしかしたらご存じない方のほうが多いかもしれません。

ホテルやレストランの経営、運営、ウエディングのプロデュースなどを手がけています。設立は１９９３年。社員５００名、アルバイト５００名という規模の会社ですが、実は若い人には圧倒的な知名度と就職人気を誇ります。

新卒採用でのエントリーは実に3万人、説明会には1万８０００人。この中から20名前後の採用者が毎年、出ています。事業内容は飲食関連のサービス業ですから、決して人気業種とはいえない。なのになぜ、これほどまでにＰｌａｎ・Ｄｏ・Ｓｅｅは若い人を惹きつけるのか。

実は私の友人で、10年近く前からこの会社で働いている人物がいます。彼をずっと見ていて感じていたのは、なんとも楽しそうに働いているなぁ、という印象でした。

事業の見た目は飲食業に見えるのですが、ウエディングビジネスをベースに、この規模の会社が神戸や福岡でホテルを経営してしまったり、地方の古い伝統的な建物をリニューアルして施設として生き返らせてしまったり、ニューヨークにレストランを出してしまったり、さまざまにあたらしい挑戦や取り組みを進めている。要するに、面白いことをやっているのです。

実際、若い社員もイキイキと楽しそうに働いています。そして、仕事を楽しませようとする会社の取り組みも半端なものではありません。例えば、海外への研修旅行というと、大きな会社でも人数は限られると思いますが、Ｐｌａｎ・Ｄｏ・Ｓｅｅは違うのです。

「昨年は一度に60名を連れて行きました。引率者7人の7チームを作って、それぞれで好きな場所に行ったんです。パリ、ニューヨーク、ロサンゼルス、ロンドン…。いいところに泊まって、いい旅をしながら、会社の行く末をみんなで話し合って。ごっそり社員がいなくなって、現場は大変だったようですが（笑）」（Ｐｌａｎ・Ｄｏ・Ｓｅｅ　キャスティング室室長　笹山剛史氏）

これを毎年やっているのです。研修だけではありません。総料理長が1年間パリに行くなど、幹部が続々と海外勤務へと旅立っています。私の友人は、神戸のオリエンタルホテルの支配人をしていましたが、ニューヨークへと旅立つことになりました。**世界中に幹部クラスを派遣して、1年間ほど自由にやらせて、海外のライフスタイルやビジネスのやり方、良いサービスを自由に学んできていい。でも、これをしなくてはいけないという、厳格な決まりはない。**語学の勉強をしてもいいし、素晴らしいレストランに通い続けてもいいという試みです。言葉や文化を学んできてくれ、好きにやってこい、という。それを帰国後、何らかで生かしてくれればいい、と。

きっと1年後会社に戻ってくると、会社にとって大きな資産になっているでしょう。今、この会社は、フランスやイタリアやアメリカなど、主要な都市に幹部クラスを派遣しようとしています。参加する人は楽しいでしょうし、その経験は何物にも代え難い知識として体に宿り、会社にとっても大きな財産になるでしょう。

社員にとって、これほど大胆で自由な任され方をすれば、仕事が面白くないはずがないと思います。幹部クラスを1年間自由に海外に行かせられる余裕が会社にあることが凄いことだと思います。

今回、取材に出向いたすべての会社で、社員は本当に楽しそうに仕事をしている印象がありました。中にはハードワークの会社もありましたが、それでも楽しそうな雰囲気が伝わってきました。そして特筆すべきは、それでちゃんと成果が上がっていたことです。

仕事を本気で楽しいと思っている人たちが、すでにたくさん出てきているのです。

仕事は大変で苦しいものだ、という呪縛から逃れよ

「どに～ちょ」「イエーイ」「ｋｎｏｗ ｍｅ（のーみー）」など、ユニークなネーミングの働き方を次々に投入、事業も順調な成長を遂げているのが、クラウド名刺管理サービス「リンクナレッジ」「Ｅｉｇｈｔ」「Ｗ２」を手がけているＳａｎｓａｎです。設立は２００７年。ユニークな働き方については後に出てきますが、かつて大手商社に勤務していたこの会社の社長への取材でとても印象的な言葉がありました

「汗水垂らして辛いことを歯を食いしばってやっていないと仕事ではない、みたいな空気が日本にはある気がします。ところが、２００１年にアメリカのシリコンバレーで見た光景に、私は衝撃を受けたんです。遊んでいるみたいに働いていて。正直ずるいな、と思いました。

なんだ、仕事は、もっと楽しくやって良かったのか、と」（Ｓａｎｓａｎ 代表取締役社長寺田親弘氏）

仕事というのは苦しそうにしているものだ、という感覚は昔の力仕事の時代から来ているのかもしれません。今も、楽しそうに仕事をすることを、否定的に見る会社もあるのではないでしょうか。

しかし、すでにそうではない会社も増えているのです。**楽しそうに仕事をすることを、会社も、もちろん社員も支持している。なぜなら、それで成果が上がるから。もっといえば、そのほうが成果が上がるから**です。考えてみれば当然かもしれません。楽しいからこそ、夢中になれるし、続けられる。楽しくなければ、続かない。楽しめていることが、とても大事になっているのです。

では、なぜ仕事が楽しいのか。そのひとつの理由として挙げられるのは、Ｐｌａｎ・Ｄｏ・Ｓｅｅにせよ、Ｓａｎｓａｎにせよ、前例がないことに取り組んでいる、ということかもしれません。

前例がないから、自分たちで作っていくしかない。誰かの真似をしてもしょうがない。だから、働いている社員も、あたらしいものを作っていく面白みを間違いなく実感している。

そして、会社もこんな大胆な発想になれるのです。

「売り上げ目標？　ないですね。個人の予算もない。そもそも営業もいません。働く空間や環境で、集団のクリエイティビティや生産性がどう上がるかだけを最重要視しています。コミュニケーション能力もいらないですね。今の時代って、言葉で説明できて理解できることって、くだらないものだから。ｉＰｈｏｎｅも他のスマホも、言葉で説明したら変わらないじゃないですか。でも、両者は全然違うものでしょう」（チームラボ　代表　猪子寿之氏）

チームラボは、デジタルコンテンツの世界で次々と話題作を手がけている企業。ＩＴの世界で急激に知名度を上げています。**前例がないことに次々に挑み、面白い仕事をしている。個人の売上目標やら個人予算なんてクソ食らえで、楽しい仕事をしようとしている**といいます。

ルーティンの仕事で過去に連なる成果を求め、従業員を縛り付けようとしている企業は今もありますが、それとはまさに真反対のことをしようとしている。そんな企業が今、続々と出始めているのです。

楽しい働き方がある、楽しく働くことはできる、と知る

楽しく働ける企業といえば、世界で真っ先に名前が挙がる会社のひとつが、先にも少しご紹介した、パタゴニアでしょう。本社のオフィスから海岸線までは車でわずか2、3分あまり。そのサーフポイントには、サーファーたちがたくさん集まってきます。なぜ、こんなところに会社があるのかといえば、いつでもサーフィンができるからです。いい波が来ているという情報が入ったら、サーフボードを抱えた社員たちが次々に海に向かっていく。業務時間内であろうが、なかろうが、です。

「アメリカにいたときは、長いときには2、3時間くらい入っていましたね。ミーティングをやっていても、〝すごい波が来ている〟と誰かが言い出すと、簡単なミーティングであれば延期になったりします（笑）。このくらいになったら上がろう、という約束だけして。社主のイヴォンも出ていた会議だったんですが、イヴォンも真っ先に海に飛び出していきました（笑）。いい波が来たサーフィンの後のミーティングは、集中したいいミーティングになります」（パタゴニア　インターナショナル・マーケティング・ディレクター　藤倉克己氏）

勤務時間内に、こんなことが行われている会社がある。しかも、世界的に多くのファンを持つアウトドア・ウェアのメーカーです。サーフィン好きな社員には、まさにたまらない環境ですが、サーフィンの話だけではない。自分が大好きなスポーツを楽しむために、うまく休暇を取って世界を飛び回っている社員がたくさんいるのが、パタゴニアなのです。後に解説しますが、それができる仕組みも、会社にあります。ただ、**楽しく働くということは、楽に働くということではありません。**このことも、また詳しく解説したいと思います。

ビジネスパーソンが生き馬の目を抜く競争を繰り広げているニューヨーク。今回、このニューヨークに本拠を構える、ユニークで大胆な働き方をしているＩＴコンサルティング会社に出会いました。ケンタッキー、ヨーロッパ、オーストラリア、さらには日本にも拠点があり、40人ほどが活動しているホワイトストラタスという会社です。

コンサルタントとはいえ、まずはオフィスに出社して、そこからクライアントに向かうなど、仕事をするのが当たり前、というイメージが日本ではありますが、ここは違いました。

「仕事で旅が多いことを楽しんでいる社員がたくさんいる会社なんです。ある新入社員は1カ月のスイス出張で、あちこち素敵なホテルに宿泊していたようです。また、音楽が大好きで半年間ミュージシャンをして、残り半年を会社の仕事にしている社員がいます。さらに、

カリブに住み、趣味の自転車を楽しんでから自分の自宅をオフィスにして仕事をしている社員もいます」（ホワイトストラタス　COO　ショーン・ボイド氏）

どうすれば、楽しく働けるのか。それを会社も、そして社員も考え、実現させている。そんなことができる時代がもうすでに来ているのです。

目標も自分で決める。自由に働ければ、満足度が変わる

仕事の楽しさや満足度に大きな影響を与えているもののひとつとして、自由度が挙げられるでしょう。今回、話を聞いた17の会社・1組織でも、自由度を強調されるケースが少なくありませんでした。それにしても、なるほどそこまで自由なのか、という印象を持ったのが、社員満足度の高さで評価されているシリコンバレーの世界的なIT企業の話を聞いたときでした。

「目標は会社や上司から降りてきたりはしないですね。自分が決めるんです。そんなことを

するとみんな低い目標を作ってしまうのかと思われることもあるようですが、そういう社員はいないですね。入社までのプロセスではじかれてしまうのかもしれません。だから、みんなチャレンジングな目標しか作りません。それこそ、低い目標を立てて100%達成するより、難しい目標を立てて80%しか達成できなかったほうが評価が高くなることもあります」

あるエンジニアの方が話をしてくれたのですが、これはとても重要なポイントで、**自発的にチャレンジングな目標を立てるという発想を持った人が求められている**のです。低い目標を設定して達成率を上げようという思考の人は、やっていけないのです。

この世界的なＩＴ企業は入社難易度が極めて高いことでも知られていますが、一方、シリコンバレーで今、優秀なエンジニアから就職先として急激に評価を高めているのが、ＣＲＭソリューションを中心としたクラウドコンピューティング・サービスを提供するセールスフォース・ドットコムです。

すでに従業員は７０００人を超える大企業ですが、ベンチャーらしい自由さを今も色濃く残している会社。ここでも、自由がひとつのポリシーになっていました。

「社員を縛り付けるようなルールをたくさん作りすぎると、ガチガチの会社になってしまい

ます。実際、ほとんどないですね。社内ツイッターのような仕組みが自社製品にあるんですが、これもまったく自由に発信できます。不満や課題があれば、社員同士で共有して解決に向かえばいいんです。また、仕事に関しても4カ月おきに、こういうことがやりたい、と申し出ることができるオープンマーケティングという仕組みもあります」(セールスフォース・ドットコム　エンプロイーサクセス　シニア・バイスプレジデント　モニカ・ファールブッシュ氏)

今や入社するのは、ハーバード大学に入学するより難しいかもしれない、と笑って話してくれたモニカ・ファールブッシュ氏。彼女は1年ほど前に入社していますが、所属部門名を、いわゆる人事のHRではなく、エンプロイーサクセスと自分で名付けてしまったのだそう。それくらい自由な会社、という象徴的な話かもしれません。

社員のクリエイティビティが上がる会社

スタンフォード大学で、組織がよりイノベーティブになるためのあたらしい研究が、学部を超えて大規模に行われていることをご存じの方もおられるかもしれません。機械工学、コンピュータサイエンス、ビジネス、法律、文学など、さまざまな専攻の学生や教職員が集まり、分野を超えてイノベーションを生み出していく力を身につけていく学科横断型プログラム。これが、今回取材に行ったスタンフォード大学d.schoolです。

ビジネスとしての成功をもたらすイノベーションやクリエイティブを何が促進するのか。あるいは何が阻害するのか。いろんな角度からの新たな取り組みは後にご紹介していきますが、d.schoolでは、まずこんなコメントをもらいました。

「今もやはり企業を牛耳っているのは、製造業時代のモデルなんです。決まった時間に出勤して8時間仕事しろ、などというのは、工場のアセンブリーラインで仕事をしている人向けの制度。それがまだ残っている。こんな環境で、さぁクリエイティブになれ、いいアイディアを出せ、と突っつかれても、うまくはいかないでしょう。もっとオープンで自由なプランやアプローチの仕方が必要です。すでに在宅勤務でいい、遠隔地でもいい、など制度を緩めている会社があるのは、少しはいい兆候ですね」（スタンフォード大学d.school　マネージング・ディレクター　サラ・グリーンバーグ氏）

このd.schoolのとは関係が深く、自分たちも革新的な働き方に取り組もうとしているのが、IDEO。アメリカ西海岸のパロアルトに本拠を持つデザインコンサルティング会社。プロダクトデザインの会社です。

デザイン力は世界最高と言われており、数多くの伝説的な仕事をしています。取材したパートナーのトム・ケリー氏には著書『発想する会社！』(早川書房刊)があります。

「何時に出勤するかとか、ちゃんとした洋服を着ているかとか、机に向かって熱心に仕事をしているかとか、そんなことをチェックする人はいないですね。クライアントを怒らせないとか、本当に基本的な、これだけはやってはいけない、ということを定めておいて、それ以外は自由にしていい、という考え方です。上司はクライアントであり、プロジェクトなんです」(IDEO　パートナー　トム・ケリー氏)

彼も、すでに時代がすっかり変わっているのだということを強調していました。

「私の父親はタイヤメーカーに勤務していました。父たちの会社にとって敵は、同じエリアにある他のメーカーだった。だから、勝つことはそれほど難しいことではなかったんです。

ところが今は、世界中の会社が競合になりうる。だから、最もクリエイティブな人が効果的に働く、という方法で戦っていかなければ絶対に勝てません。日本もそうだと思いますが、賃金で比べると、10分の1、100分の1で同じ仕事をする人たちがたくさんいるわけです。クリエイティブで戦わなければ、勝ち目はない」（同）

ビジネスで勝つ方程式が大きく変わっているので、社員の働き方も変えていかなければいけないのです。

社員に自由を与え、会社をイノベーティブにすることは、企業の競争力を高めることでもある。多くの会社で、そんな話を聞きました。そして、自由であるということは、社員のクリエイティビティが上がる会社である、ということも言えるのです。

優秀な人材しか採用しない、と宣言して急成長を遂げる

一方、クリティカルな頭脳労働に徹底的にこだわって、急激に成長を遂げた会社が日本にあります。1996年に設立されたソフトウェア会社のワークスアプリケーションズです。

当初の公言通り5年で株式を上場、現在はＭＢＯによって非上場化の道を選択しています。
この会社の方針は、優秀な人材しか採用しない、ということ。そして、人の成長に徹底的に投資することです。

「かつて別の会社で仕事をしていたとき、世界的に有名なコンピュータの会社の仕事で、シリコンバレーのベンチャーと提携することになって、最初は驚いたんです。どうしてこんな聞いたこともない小さな会社と提携するのか、と。ところが、そのベンチャーは全員がとんでもなく優秀だった。そして欧米では優秀な学生ほど、ベンチャーに行きたがっていることがわかったんです。では、日本に、はたしてそういう会社はあるかな、と思ったわけです。いい会社はたくさんあるかもしれない。でも、確実に自分が成長できて、優秀な人材だけが自由自在に仕事をしているような会社。ここに入って揉まれさえすれば、とんでもなく成長できる会社。そういう会社が日本には見あたらなかった。だから、作ることにしたんです」
（ワークスアプリケーションズ　代表取締役最高経営責任者　牧野正幸氏）

徹底的に優秀な人材を集めれば、会社は成長する。それを実践し、社員が成長を自ら勝ち取る場としてのプラットフォームを作り上げたのです。

実際、Great Place to Workの「働きがいのある会社」ランキングの日本の調査では、5年連続ベスト4位に付けています。ただ、勘違いをされては困る、と言います。

「確かに社員は働きがいを感じていると思いますが、働きがいのある会社だと思って入ってこようという人が増えると困ってしまう。調査に協力した一番の大きな理由は、社会からこの会社はいい会社だと思われたいということではなくて、社員がどう感じているかを社員にわかってもらいたかったからです。当社に適性がある人はすごく働きがいを感じると思いますが、そうじゃない人にとっては、働きづらい会社かもしれません」（同）

そして、会社に適性の合う優秀な人材を獲得するために、驚くような仕組みを次々に作り上げたのでした。**社会人になって他の会社に行った後も〝内定〟が生きている「入社パス」。一度、退職しても戻って来られる「カムバックパス」。毎年4万人の応募がある大規模なインターンシップ「問題解決能力発掘プログラム」。**優秀な人材獲得のための貪欲さ、そして投資には驚かされます。

「結局、他の会社に入っても、半分近くが辞めて当社に入ってきます。3年後には、かなり

の〝入社パス〟取得者が当社に入ってきていますね」（同）

ＩＴ企業でこれだけ優秀な人材にこだわっている会社は他にはない、と牧野氏は断言します。頭脳労働にこだわった、こういう会社もあるのです。

趣味的だからよくて、仕事的だからよくないわけではない

ワークスアプリケーションズの牧野氏がかつてシリコンバレーで見たのは、もしかしたら、こんな会社だったのかもしれません。マサチューセッツ工科大学の博士号を持つ学生たちが、ウィンドサーフィンをいつでもやれる環境を作りたいから、とボストンからサンフランシスコに移住し、数人でビジネスを始め、そこからスピンアウトして生まれたのがインストラクタブルズ、という会社でした。

昨年、Great Place to Workの「働きがいのある会社」ランキングのアメリカの調査で54位に入っているＣＡＤの企業、オートデスクに二十数億円で買収されましたが、取材時も環境はまさにベンチャーそのままでした。おもちゃ箱をひっくり返したようなオフィスには、

若い社員ばかり。社長の奥様が赤ちゃんを連れてきていました。そしてみんな、完全に好きなことを仕事にしている。モノ作りが好きな人、映像や資料を作って教えるのが好きな人などなど。

ビジネスは、〝どうやって作るのか、作業するのか〟という知見を広げるプラットフォームをネット上で提供すること。例えば、こんなテーブルを作りたい、という投稿があれば、その作り方をいろんな人たちから教えてもらえる。ビジネスモデルは、作り方をプリントアウトできるなどの特典が得られる有料会員と、その作り方に付随するＤＩＹ関連商品の広告掲載。ターゲットと広告がまさにぴったりとマッチする極めて賢いビジネスモデルだと感心しました。

「仕事上でやろうとしているのは、仕事と趣味の境界線を曖昧なものにすること。両者が溶け込むようなものにすることですね。仕事が趣味になれば、どんなに長い間、仕事をしても楽しいじゃないですか。また、何でも仕事になります。例えばミーティング中に誰かがギターを弾いてても誰も何も言いませんね。データベースがダウンして6時間かけて復旧作業にあたっても、好きな仕事だったら大変だとは思わないんですよ。みんなが会社に来たいと思わせることをやればいいんです」（インストラクタブルズ　ＣＥＯ　エリック・Ｊ・ウィル

（ヘウム氏）

実際、自由な環境のもとで、社員は大きな成果を出しています。しかし、あたらしい働き方というと、このインストラクタブルズやパタゴニア、ＩＤＥＯのような自由で趣味的な会社をイメージされる人が多いかもしれませんが、必ずしもそうではないと私は思っています。

例えば、先に紹介したセールスフォース・ドットコムでの仕事は決して趣味的なものとはいえないと思います。７０００人の従業員を持つ企業であり、事業内容も法人向けです。しかも、ハードワークです。それでも、働いている人は満足しているし、この会社で働きたいという人は多いのです。

重要なことは、自分がどちらを志向するタイプなのか、ということです。実は仕事的なほうが合っているのに、こちらのほうがあたらしい働き方かもしれない、と趣味的なほうを選んでしまうと間違える危険性があるわけです。

もとよりセールスフォース・ドットコムの事業は、働いている人をもっと働きやすくしてあげる、今までみたいな働き方をよりよくしよう、という発想のビジネス。仕事的であっても、極めてビジョナリーである、ということは重要なポイントと言えるかもしれません。

社会的インパクト、社会に影響を与えられるという動機

今回、17社・1組織の取材で実感したのが、**仕事をするモチベーションが大きく変わってきているのではないか**、という思いでした。会社が大きくなっていくことや、あるいはそれに伴って自分の報酬が大きくなっていく、さらにはポジションが上がっていくことなどが、これまではわかりやすいモチベーションでした。

ところが、それが少しずつ変わってきている。実際、ＩＤＥＯの取材ではこんなコメントがありました。

「何が目的なのか、ということについて意識的になっている、というのがこの10年の変化だと感じています。１９９０年代に新卒の学生に話を聞くと、彼らはお金にしか関心がなかった。どうやって会社を興し、売却して、どれだけ儲けるか、ばかりを考えていた。今もお金に関心がないとは言わないけれど、どうやって世界を変えられるのか、という、もっと大きな目的を持っている。もちろん私たちはクライアント企業が利益を上げるお手伝いを目的としますが、同時に何らかの世の中にインパクトを与えるものをデザインしないといけない。

そういう使命感が強くなっている気がします」（IDEO　パートナー　トム・ケリー氏）

文章、写真、ファイル、画像、PDFなど、ノートを取るように情報を蓄積し、それを自由に取り出して活用できるWebサービス、エバーノート。まもなく上場するのではないか、と言われている企業ですが、ここでも、働きがいの根幹は社会に向いていました。

「株式の上場を旗印にしてきて、その夢をみんなで実現させようというところに、大きな働きがいが生まれてきたと思いますが、いかがですか？」という問いに対して、こんな答えが返ってきました。

「世の中の人たちに便利を提供できるエバーノートというあたらしいサービスを作れているという社会的な意義やインパクトを、社員は共有しています。そこに自分も参加できているのだ、という自負が大きなモチベーションになっていると思います」（エバーノート　マーケティング担当VP　アンドリュー・シンコフ氏）

こんな環境だけに優秀な人材が集まってくる。そんな人材と一緒にやっていれば面白いことが実現できるんじゃないか、と思える。みんなで会社を成功させよう、世の中にいい影響を与えよう、という空気が生まれる。だから、実はハードワークの会社ですが、みんなが頑張れているのだと思うのです。

自由を手に入れるプラットフォームとしての組織

アメリカで大きな話題となっている、不特定多数の人からの資金を募る「クラウドファウンディング」。ソーシャルメディアの普及に伴って台頭してきた注目のビジネスですが、最も成功していると言われているキックスターターは、電話で話を聞くことができました。

「給与が特に高いわけではありません。それより、社会的な影響力の大きさを魅力に感じている社員が多いです。クラウドファウンディングでお金が集まり、面白いプロジェクトが成り立っていることに興味を持っている人が多い。ミッションを実感して、そのためのプラットフォームづくりに協力したい、という意識が強いのだと思います」（キックスターター広報　ジャスティン・カズマーク氏）

ちなみにキックスターターは、労働時間も自由。自分に合った時間の使い方をして構わないと言っているそうですが、結局みんな会社に来て働いているのだそうです。朝、会社に来るとたくさんのプロジェクトが立ち上がっており、社員はそれをこなしていきます。

「一人ひとりがインディペンデントな感覚を持っていますね」（同）

結局、**一人ひとりが、独立マインド、アントレプレナーシップを持っている**、ということです。話題の業界であり、話題の会社ですが、業務を遂行するには高い能力が求められるのも事実。そうそう甘い動機で働けるような会社ではない、ということかもしれません。ちなみに、一人ひとりのデスクはなく、大きなテーブルをシェアしてみんなで働いているそうです。

プラットフォームと社会的影響力というテーマでは、こちらも極めて興味深い話が聞けたのが、ＦＬＡＳＨアニメの制作で知られる日本のディー・エル・イー（Dream Link Entertainment）でした。「秘密結社　鷹の爪」をはじめ、自社でキャラクターを開発、メディアミックスで認知度を高め、キャラクターライセンスやマーケティングサービスも展開するというユニークな事業を展開している会社。クリエイターが社員には大勢いますが、中にはフリーランスからこの会社の社員になった人もいます。

「会社に帰属するのは、かつてフリーだった彼らにとっては本来、不本意かもしれません。でも、自分たちにとって、夢を実現させるための一番の道がディー・エル・イーという会社に所属することだと気づいたんだと思います。他のヒットコンテンツの利益とのポートフォリオで新たな仕掛けができる、これまで築き上げてきたテレビ局との信頼もある。個人レベルではできない仕事ができるという魅力を担保してあげることで、お互いにいい関係が築けると考えています」（ディー・エル・イー　代表取締役　椎木隆太氏）

組織に所属することで、大きな仕事が、より社会的な影響力を与えられるような仕事ができるチャンスを手に入れられる。クリエイターにとっては、いろんな仕事ができるプラットフォームになっている。**会社でなければできない自由な発想、ダイナミックさを求めて、むしろ会社に所属する道を選ぶ、という選択もある**ということです。

一口に仕事といっても、本当に多様で多面的な見方ができます。自分はどんな仕事を求めているのか。仕事に関わるクライテリアをしっかり整理しておくことは、仕事や会社を選ぶ上で極めて重要になるのです。

クライテリア❷ 時間・場所・休日

労働時間　　　　　→長い・短い
場所・時間の自由　→あり・なし
在宅ワーク　　　　→可能・不可能
休日　　　　　　　→多い・少ない
長いオフ　　　　　→あり・なし

人生に合わせて働き方を決める

時間・場所・休日については、すでに極めてユニークな仕組みや制度が、たくさん実施されていることを、取材を通じて改めて知ることになりました。単に労働時間が短い、勤務地が近い、休日が多い、長い、といったことに限らないのです。

例えば、先にも紹介したニューヨークに本社のあるＩＴコンサルティング会社、ホワイトストラタスは、労働時間に対して画期的な考え方を持っていました。

「仕事の時間は、一人ひとりのライフスタイルに合わせてあるべきだと考えています。例えば家族がいる人もいれば、いない人もいる。そうしたヒューマンファクターに沿ってあるべきです。例えば私は、朝の8時半に小学生の息子をバスに乗せて学校に送り、3時半までは仕事をしますが、その後は家に帰って子どもと一緒に遊びます。昨日はツリーハウスを作りました。それから一緒に夕食を食べて、子どもが寝た後に何時間か仕事をします」（ホワイトストラタス　ＣＯＯ　ショーン・ボイド氏）

彼の周りにも、他社で9時から5時まで働いている女性が大勢いるのだそうです。ところが、子どもや家族と過ごす時間が短い、といった不満を持っていました。

周りの人よりも仕事をしている総労働時間は長いのですが、そうした不満はありません。自分で時間を切り分けることが許されているからです。朝7時に出勤しても、11時に出勤しても構わない。自分は起業家であり経営者であり、というスタンスで考えて誰もが仕事をしていると彼は言います。

労働時間は、連続ではなくても細切れでも構わないという流れになってきているのです。その流れに合わせて、働き方もフレキシビリティが必要になってきています。朝9時から夕方5時まで連続して働いたほうが成果が上がるとは、簡単に言えなくなってきているのです。

しかし、**面白いのは、伝統的な9時5時の仕事の仕方をする人もいて、それも許される**のだということです。

「**人生は変化していきます。大事なことは、従業員が一人ひとり自分に合った仕事の仕方ができて、それを会社が把握できているということです。例えば会社に入ったとき独身だった人が、何年か経って結婚すると、ライフスタイルは変わります。結婚すれば、結婚したときに合わせて、ワークスタイルも変わるかもしれない。そんな変化を理解して、どう仕事をし**

やすい環境を与えられるかは会社の使命。それが会社の繁栄を大きく左右すると考えています」（同）

ホワイトストラタスでは、週に一度は自宅で働くことも許されています。

そもそも時間や休日について、実は会社にとって都合よく働くことが最善の方法なのか、ということにそろそろ気づく必要があると思います。たしかに、工場労働の時代は、9時から5時まで働くことが会社にとって最も効率的なことでした。ラインをその時間に動かすからです。

しかし、今は工場労働をしているのではありません。目的は、社員が最も成果を出す働き方をして、会社が繁栄すること。そうした本質的なことを忠実に考えていくと、ホワイトストラタスのような斬新な働き方ができるのではないかと思うのです。

「9時から午後3時まで」の6時間労働を実現させた日本企業

今回、取材に行った会社に、ファッションショッピングサイト「ZOZOTOWN」などを展開しているスタートトゥデイがあります。2007年に上場した、人気のオンラインアパレル企業です。

人生に合わせて働き方を変えるホワイトストラタスの「フレックスライフ」とでも言うべき柔軟な働き方に驚かれた方もいらっしゃるかもしれませんが、日本でもとんでもない働き方を実現してしまった会社があるのです。それが、スタートトゥデイです。

2012年、なんと労働時間を、朝9時から午後3時までに変えてしまったのです。午後3時には、仕事を終えて会社を出ても構わない、ということです。

実際、スタートトゥデイでは、その日の仕事が終わっていれば午後3時に社員は本当に帰ってしまいます（カスタマーサービスなど一部の職種では、12時から6時までなどの組み合わせでシフト制も取り入れているセクションもあるそうです）。しかし、本当にそんなことが可能なのでしょうか。

「法律的にも日本の労働基準法上、6時間の連続労働が許されています。6時間以内の就業時間の場合、休憩はいらないんです。ところが、6時間を超えると45分の休憩が必要になり、8時間になると1時間の休憩が必要になる。だから、休憩を入れるとなると、3時終業はできず、もっと遅い時間になります。そこで、6時間休みなしで働くことで午後3時終業を実

現させました。ランチはありませんが、軽食をデスクでかじったりしています。それでも早く帰れるほうが魅力だという声が社内では圧倒的です」（スタートトゥデイ　代表取締役前澤友作氏）

例えば、小さな子どもがいる人は3時の終業後に子どもをお迎えに行けます。夫婦で一緒に夕食の献立を考えながら買い物をする人もいるそうです。習い事を始めた人、読書や勉強の時間に充てる人、さまざまですが、社内では大好評だそうです。

前澤氏は、本当に人にとって働きやすい環境はどのようなものなのか、根源的なところから模索してきたといいます。労働時間についても、これまでの考え方が不思議でならなかったというのです。

「月曜から金曜まで毎日8時間も拘束される働き方が本当に人間らしいでしょうか。少なくとも僕自身は違うと思いました。実際、1日で集中できる時間は3時間から5時間くらいでしょう。それを週3、4日やるくらいのリズムが人間らしくて自然な形なのではないかと思うんです。ところが、会社では就業規則を作って8時間労働を強いていました。この矛盾を解決できないかと考えた結果、この短時間労働への挑戦が始まったんです」（同）

実際、8時間会社にいたとして、どれくらい真剣に仕事をしているでしょうか。もしかしたら、4、5時間くらいかもしれない。それ以外の時間はぼーっとしていたり、ヤフーでニュースを見たり、SNSを見てしまったりしているのではないか。だったら、さっさと帰って他のことをしたほうがいい、という発想です。

それにしても、平日の3時に帰ることができる毎日を想像してみてください。これは社員にとっては、相当なインパクトだと思います。

ポジティブなメッセージなら、社員は努力をする

そして、スタートトゥデイが3時終業にしたのは、仕事にも大きなプラスを生み出すことを期待して、でもあります。

「時間に余裕が生まれると、心と体にも余裕が生まれます。精神的、体力的な余裕は、経験や知識の増大にもつながります。より仕事ができる人に育っていくということです。時間がなければ読書もできません。家族とのコミュニケーションもできない。遊ぶ時間がなくなり、

どんどんキャパシティがなくなっていく。結果、職場に戻っても、いいアイディアやあたらしいものは生まれません。時間に拘束されるという悪いスパイラルと、いいスパイラルは両極端だと思うんです。いいスパイラルで働き方を変革して実績を残すことによって、こういうやり方もあるんだと世の中に発信できれば、と考えています」（同）

とはいえ、本当に6時間労働や3時帰社が実現できるのか、と思われる方も少なくないかもしれません。

スタートトゥデイでは、**6時間労働を実現するために、効率化を図ることと集中するという2大テーマを掲げた**そうです。無駄な仕事を排除する。特に代表が出席する会議では**資料が過度に多いので会議に資料を極力持ち込まない。どうしても資料がいる場合は、無駄につくりこまずシンプルにし、内容はきちんと自分の口で説明できるようにする。会議も1時間を45分にするなど4分の3に短縮。**結果的に6時間で帰れるスタッフが続々と増えていき、しかも売り上げも右肩上がりが変わらず、会社の成長は継続しているのです。

「日本の社会が今、抱えている課題として、労働時間が長いことによる過労死があります。ところが、就職に困っている学生もいて、社会全体の失業率も上がっている。要するに、働

き過ぎの人たちと、働く先のない人たちが混在する、よくわからない社会になってしまっているということです。労働時間を短縮することで、世の中を改善できないか、という大きな提言にもつなげていきたい」（同）

しかも6時間労働に変えながら、給料は一切変えていません。つまり、時給に換算すると、結果的に1・3倍くらいになったということ。そして前澤氏は、会社の経営としても長時間労働は大きな無駄だと語ります。

「3時に帰ることができる率はどんどん上がってきています。会社全体の残業代も、大きく減っているんです。改めて思ったことは、残業は経営者には最も非効率だということです。よくよく考えてみると、疲れ切った社員を、1・5倍の賃金で働かせていることになるからです。仕事の効率が下がっている社員に残業代を払うのは、最も非合理なことだと思います」（同）

最近では、残業をなくすために労働時間が8時間を過ぎると照明を消したりする会社もあるようです。しかし、そうした対応で残業をなくそうとすると、社員には〝やらされ〟感が出てしまう。

実はスタートトゥデイでも、残業を減らそう、減らそうと何度も言い続けてきたといいます。しかし、減らなかった。ところが、6時間労働にしよう、3時で帰社できる、というメッセージを発信したところ、あっという間に減ったというのです。

メッセージをポジティブなものにすれば、短時間で終えようという努力をする。前澤氏はそう語っていました。しかも、3時に帰れる。社員は大いに発奮したのだと思うのです。

単に権利を主張してとか、国のルールにしたがって労働時間を減らすということではなく、**労働時間を短くして、かつ生産性を大幅に上げて、しっかり利益も挙げていこうというチャレンジをしている**という点が注目に値すると思います。

時短不要、超ハードワークを公言している会社も

一方、労働時間を短くするどころか、長時間労働でハードワークであることを、公言している会社もあります。例えば、先に紹介したＦＲＡＳＨアニメのディー・エル・イー。

「基本的には、かなり知的ハードワークが求められますね。身体は休んでも、頭は365日24時間働き続ける（笑）。日本人が世界の人よりも絶対的にクリエイティブかというと、そんなことはないと思っています。百発百中で勝てるわけではない。では、何をすれば日本は世界に勝てるのか、を考えると、日本人だからできることは、意外にハードワークとチームワークしかないんじゃないか、と思うんです。ただ、やらされ感のあるハードワークではないと思っています」（ディー・エル・イー）

重要なポイントは、やらされ感があるかどうかです。自分から楽しんでやっているハードワークと、会社から無理やり言われてやっているハードワークでは、まったく意味が違うのです。ディー・エル・イーの場合は明らかに前者。業界で常にあたらしいことをやっているという思いや、いろんな人から大きな期待を持ってもらっていることを多くの社員が実感しているといいます。

「ある意味、唯一無二のサービスであるというプライドもある。その意味では、休日も率先して、仕事をしているという人はけっこういます。本当に仕事が好きな社員が多い。でも、充実した、いい顔をしていますね」（同）

そして、おそらくここもハードワークに違いない、と想像できるのが、優秀な人材を採用することにこだわっているというワークスアプリケーションズ。労働時間に関しても独自の考え方を持っていました。

「効率だけを重視したら、人材は育たない。ですから、あえて投げたくなる難しい仕事ばかり委ねる。それで、できなかったら、だんだんレベルを下げていくといったやり方をとっています。早く成長してほしいですし、成長したらさらに上のフィールドにチャレンジしてほしいですから。ただ、このやり方は手間がかかる。若手からこぼれ落ちそうになったら仕事には、先輩がフォローに入らないといけませんから。リカバーには時間もコストもかかります。でも、人を育てるには、それも織り込み済みだということで、腹をくくっているんです」（ワークスアプリケーションズ）

これを効率重視にしたら、優秀な人材は急激には育っていきません。だから、あえて効率を重視するのではなく、優秀な人材を最も活用できることを重視したスタイルにしているということです。

「以前は、勤務時間はフルフレックスで、時間はまったく自由でした。短い社員は3、4時間しか働いていないかもしれません。ただ若いうちはどうしてもゆっくり出社する傾向になる。今は世の中が真夜中まで遊べる時代ですからね（笑）。それもあって、今年からフレックスではあるものの、12時までに出社するように指示しました。午後2時のミーティングに来ないというのは、さすがに困りますので（笑）」（同）

あくまでも、自分でタイムマネジメントをしているので、難しい仕事に取り組んでいたとしても充実しているのです。そこには、やらされ感、無理やり感がない。なので、同じハードワークでも結果が違うし、ストレスのかかり方も違ってくる。もちろん、ハードワークがいいのかどうかは、自分自身に合っているかとか、自分が今どのステージにいるのか、によっても違ってきます。その辺をわかった上で判断しないといけないのです。

ランチも自由、週休3日も可能な裁量労働制

Ｗｅｂサービス、ゲーム、スマホアプリなどインターネットコンテンツの制作で知られる

一方、サイコロで給料を決めるなど、ユニークな制度でもその名を知られるカヤック。〝面白法人〟と呼ばれるにふさわしい面白い仕組みは後ほど詳しく紹介しますが、労働時間も裁量労働制。時間を自由に組み立てて、週休3日も可能。いつ帰社してもいいといいます。

「決まった会議以外は、自由ですね。ランチの時間が決まっているわけではない。1時間でも2時間でもランチしてきても問題ないです。ちょっと歯医者に抜け出して、なんてことも、もちろん自由です」（カヤック　代表取締役　柳澤大輔氏）

ただ、労働時間は長いと思う、といいます。

「やっぱりクリエイターの会社ですので。自分で自由にやってください、という裁量労働制ですが、何時に帰ってもいいかわりに、長い人は長い。ただ、基本的には個人の自己選択を最も重視していますので、週休3日や時短で9時5時を選択した人たちが、居づらくならない組織にしようということは徹底しています」（同）

一方で、クリエイターだから、クリエイティブだから長時間かかってもいい、という発想はここにはないといいます。

「この世界は長くやればいいものができる、というイメージがあります。でも、そうは思いません。ブレストは1時間以上はしない。時間をかければ、いいクリエイティブになるわけではない。制作会社から来る人は戸惑う人もいますが、いいものを作るのに時間をかけようとするのはダメだと言っています。時間がかかった時点で、いいものではなくなる、と」（同）

そして面白いのは、**裁量労働制で自由と言っているにもかかわらず、始業時間は決まっている**ことです。

「朝9時半が始業です。もっとも7割くらいしか来ていませんが（笑）。遅刻したから厳罰に処されるわけではありませんが、いちおう決めています（笑）。僕自身、サーフィンをしてから会社に行くことが多いんですよね。波が良くても1時間半で上がると決めていますが、出社するのは10時くらいになってしまうことが多いんですが（笑）」（同）

あえて出社時間を決める「自由を獲得するための不自由」

カヤックと同じようにクリエイティブ職が多く、知的ハードワークを公言していたディー・エル・イーも、意外にもいろいろなルールが決まっていました。背景には、自由であれば、発想が豊かになる、というわけでは必ずしもないという思いがあるといいます。

「自由を獲得するためには、不自由が大事な気がしているんです。自由を追求して、実は自由になっていない会社って、おそらくすごくあるんじゃないでしょうか。環境は自由だけど、やっているビジネスは全然自由じゃない、みたいな。ディー・エル・イーは、いろいろうるさく言う不自由な部分もあるけど、発想やビジネスはかなり自由なものを求めています。クライアントやテレビ局等もやんちゃなディー・エル・イーを求めています。自由な仕事を獲得するには、少し不自由があったほうがいいんです。物理的な自由を求める人もいれば、仕事内容の自由を求める人もいる。自由は人それぞれ。ディー・エル・イーは物理的な束縛と不自由のかわりに発想やビジネスの自由な場を提供している会社なのです。水上を泳ぐ水鳥が実は水面下では足を必死で動かしているように、自由に優雅にやっているかのように見えて、見えないところでは束縛を受けているというのも大事ではないか、と。それでも優雅に見せることが、このジャンルの会社では必要だと思っています」（同）

こちらも、おそらく勤務時間はまったくの自由ではないか、というイメージを持つインターネット企業のチームラボも、意外にも10時出社というルールがありました。

「でも、半分くらい守ってない（笑）。いや、厳密に言うと、7割くらい守っていないかも（笑）。働く時間は標準があったほうがいい。基本的には、一緒に働く時間が長ければ長いほどいい、と思っています。だから、会社には来ないといけません。家で仕事するというのは、ありえない。在宅ワークなんて、考えたこともない。もちろんちょっとした文章を書くとかなら家でもやりますが、本業を家でやることはありません」（チームラボ）

平日と土日を振り替えて勤務できる「どに～ちょ」

在宅ワークはありえない、と言っていたチームラボですが、同じＩＴ系の企業でも名刺のクラウド管理サービスのＳａｎｓａｎは、**在宅勤務制度「イエーイ」**を取り入れて推進しています。また、**平日と土日を振り替えて勤務できる「どに～ちょ」**という制度もあります。

「ネーミングが変わっていますので、思いつきでやったような制度に思われるかもしれませんが、まずは課題があって、それに対する解として、制度を作り出しているんです。どに～ちょの場合は、土日のほうがオフィスは静かなので、集中できるという声が多かった。申告してもらえれば、平日の水曜日を休む代わりに土曜日に出る、といったことが可能です。イエーイは、現在は月４日の在宅勤務を可能にしています」（Ｓａｎｓａｎ）

ユニークなネーミングの制度ですが、ノリや受け狙いやっているわけではまったくなく、実はこのネーミングにも意味があると言います。

「ネーミングって、本当に大事だと戦略的に考えています。あたらしい課題に対して制度が思い浮かんだとき、名前がついてこないとうまくいかないんじゃないか、と気になるくらい名前は重要だと思っています。つまらない制度名だったら、誰も覚えないし、使わないと思うんですよ」（同）

後に紹介するカヤックのユニークな制度もそうですが、一見ノリで作っているように見えて、意外にすごく考えられた中で作られているのです。しかも、制度を意義を持って使ってほしい、という思いから名前にもこだわる。結果的に話題づくりにもなるわけですが、それだけのためにやっているわけではもちろんありません。

Ｓａｎｓａｎは**サテライトオフィスを徳島県に展開して、こちらも大きな成果を手にしており、さまざまなあたらしい働き方に挑戦しています**（こちらも後に紹介します）。エンジニアが多い会社ですから、勤務時間に関してもゆるやかな制度を作っているのかといえば、そんなことはありませんでした。このＳａｎｓａｎも、始業時間には強いこだわりを見せていました。

「９時半が出社時間で、遅刻は厳禁です。５分の遅刻もダメです。エンジニアはフレックス

が好きですが、当社はフレックス否定派なんです。なんとなく緩んでしまうんじゃないか、という不安がある。もっとも、来月変わっているかもしれませんが（笑）」（同）

先進的な取り組みをしているＩＴ企業だから、どこも同じように自由なのかといえば、まったくそんなことはありません。出社時間にしても、決まっていてゆるやかに守る会社もあれば、ほとんど守られていない会社も、ディー・エル・イーやＳａｎｓａｎのように厳格に守られている会社もある。時間というだけで、まるで違うということです。

ただ、Ｓａｎｓａｎの寺田氏が触れているように、これはどうかな、と思えば、すぐに制度を柔軟に変えてしまうことこそ、あたらしい働き方を追求している会社の特徴といえるかもしれません。制度を守ることが目的になるような、本末転倒なことは、やはり起こらないのです。

1万人を超える大企業で在宅ワーク、ボランティア休暇

在宅ワークといえば、アメリカでは大企業もすでに意識している働き方です。Great

Place to Workの「働きがいのある会社ランキング」のアメリカの調査で第6位に選出されているのが、ストレージシステムの大手、ネットアップです。従業員が世界中で1万2000人という大企業ですが、働き方を変えようというコンセプトで、さまざまな取り組みを進めている会社です。

「シリコンバレーの特徴は、イノベーティブであることです。そのためには、9時から5時まで仕事をきちんとしなさい、といった固定観念に縛られないような仕事の方法を考えることが極めて大切だと思っています。この人の才能が欲しいけれど、この人がもし引っ越しをしたくないとか、通勤の移動に時間を使いたくない、ということがあれば、在宅ワークをしてもらってもいいかどうか、考えてもらうことも可能です。また、ワークスケジュールや仕事のプロセスをフレキシブルにすることもできます」（ネットアップ　人事担当上席副社長グウェン・マクドナルド氏）

むしろこのくらいの規模だからこそ、テレコミュートやフレックスタイム、在宅勤務などがかなり多くなっているようです。人数も多く、ビジネスシステムもきちんとしているので、意外に個人主義を重視しながら、会社としてはコラボレーションできるような仕組みを考えています。

ネットアップにはほかにも、ボランティアタイムオフというプログラムがあり、1年に5日間、ボランティアをするための有給休暇を取ることができます。

「自分たちにとって大切な人たちには、シェアホルダーやパートナー、カスタマーやエンプロイーなどがありますが、コミュニティも非常に大切です。仕事と人生のバランスを考えたとき、そのコミュニティに貢献することは極めて重要なことです」(同)

そのためのオープンなプログラムが、ボランティアタイムオフ。何をやってもいいのだそうです。子どもの学校にボランティアに行ってもいいし、自然保護の活動に参加してもいい。**パーソナルな社員が個人的に持っているパッションを、お金ではなく時間で貢献することを会社では重視している**といいます。そして社員も、こうした取り組みをさせてくれることに対して、会社に感謝しているそうです。

「これはCEOからトップダウンで、やったほうがいい、と出てきたアイディアでした」(同)

経営トップからして、きちんとそうした発想を持っている、ということです。

アンリミテッド・バケーション＝「日数制限のない有給休暇」がなぜ可能か

休日といえば、エバーノートにびっくりするような制度があります。それが、**アンリミテッド・バケーション。つまり、日数制限のない有給休暇**です。

シリコンバレーのスタートアップの典型的な働き方というのは、みんな開発に一生懸命になるから休暇を取らない、というケースが少なくありません。超ハードワークなのです。でも、エバーノートではきちんと休暇を取ってほしいと考えたのだそうです。そうすることで、心をリフレッシュしてほしい、と。そのためにはどうすればいいかを考えて生まれたのが、日数制限のない有給休暇だったといいます。

「休暇のときのストレスは何かというと、今回は休暇を何日取ったから、あと何日残っている、といったことを計算しながら休まないといけないのではないかと思ったんです。そういう心配をしないで休暇が取れるよう、日数制限のない有給休暇制度を設けています」（エバ

ーノート）

極論を言えば、365日だって休むことができる。驚くべき制度です。でも、もちろんそんなことをする社員はいません。そんなことをする社員はいないという性善説に立って制度が作られている、ともいえます。社員に対して信頼感がある。もっといえば、大人として扱えるような信頼できる社員しか採用していない、ということ。

逆に社員をいろいろと縛ろうとするのは、実は社員を信頼していないことの裏返しでもあるのかもしれません。IDEOのトムもこう言っていました。

「最初の日から大人として従業員を扱う」（IDEO）

そして、同じく大手のセールスフォース・ドットコムでも、日数制限のない有給休暇をどのようにして与えるか、検討しているという話がありました。

さらにエバーノートでは、社員が旅行に出ることに対して会社から補助が出ます。しかも、1000ドルもの金額です。

「年に1回、1000ドルを会社が補助するのは、休暇を取るなら、どこかに出掛けてほしいと考えているからです。家でのんびりするのではなくて、どこかに出掛けていってほしい。あたらしい経験をしてリフレッシュしてほしいからです」（エバーノート）

休暇を取ることが仕事に大いにプラスになるということを、会社が認識しているから。ちなみにCEOもしっかり休みを取るそうです。話をしてくれた彼もすでにイタリアに10日間行って、1000ドルの支度金をもらったといいます。半年以内にもう一度、行くとのこと。

「もし私がマネージャーだとしたら、部下がどれだけ休みを取っても構わないですね」（同）

社員との信頼関係があるからこそ、ここまで言える、のかもしれません。

パタゴニアにも、勤務年数に応じて、申請をすれば数週間から1カ月など、長期の休暇が取れる制度があります。

「例えば4人その部署にいたら、もともと1人休んでも3人で回るようになっているんです。イヴォンの言葉でいえば、〝3人でできるなら1人をクビにすればいいという考え方もあるが、

自分はそうはしない〟と。彼のＭＢＡはMaster of Business AdministrationではなくManagement by Absenceなんです。そうすれば、１人が休める。だから、登山に行ったり、スキーに行ったり、社員が長期で休んで世界を回ることも可能になるんです」（パタゴニア）

最初から長期で社員が休めるような仕組みを考えている、ということ。世界には、こんな会社もあるのです。

クライテリア③ 給与・評価

給与　↓高・普通
評価システム　↓上司査定・360度評価
会社ルール　↓多い・少ない
人事システム　↓かっちり・アバウト

高い給料にこだわっている会社は意外に多くない

あたらしい働き方を取り入れている会社を取材していて、給与に関してはひとつの傾向が間違いなくあったと思います。**高い給料にこだわっている会社は意外に多くない**ということです。

冒頭で少し紹介した『ザッポスの奇跡』で知られるインターネット靴ショップのザッポスでは、こんな声が聞けました。

「給料は過剰には出していません。平均的だと思います。ですから、お金のために来るような人を、魅惑するような方法は採っていません。お金は平均的にきちんと満たしているけれど、それ以上のものが会社にある。そこに関心を持ってもらえるようなスタンスを取っています。かつてはストックオプションもありましたが、何年かで終わってしまいました。今はお金ではなく、バリューのために人が来てくれるような会社づくりを目指しています」（ザッポス　人事担当マネージャー　ホリー・ディレイニー氏）

すでに何度も登場している、自由な働き方をさまざまに模索しているホワイトストラタスも、給与についてのこだわりは聞こえてきませんでした。

「ニューヨークの中の同業の平均と比べれば、低いほうだと思います。あたらしい会社で、一人ひとりが起業家精神を持って未来を目指している会社なので、まだペイは低いということもあります」（ホワイトストラタス）

ただ、ザッポスもそうですが、ホワイトストラタスでも、給料が多くなくても、それ以上の魅力が会社にあるということにほかなりません。

「自分を例にすると、家族を持って子どもができて育てようとしたとき、どうしてもフレキシブルな働き方がしたかったんです。子どもとたっぷり過ごしたかったから。でも、こういうフレキシブルな働き方に対しては、やっぱり伝統的な大企業というのは、すごくレジスタントであることは否めないし、なかなか認めてくれないわけです」（同）

実際のところは、彼の職歴であれば、もっと給料のいい会社にも入れたと思う、といいます。しかし、それよりも子どもと過ごす時間やたっぷりとしたバケーションのほうが魅力だったと彼は語るのです。もっと自分らしいクリエイティブな、イキイキとしたライフスタイルが欲しかったからこの会社を選んだ、と。

自分にとって給料以上に大事なことがある。それを認識できていれば、この選択は自然なものだった、ということです。

それなりの額が得られれば、それ以上はガツガツ求めない

高い給料にはこだわらない、という傾向は、日本でも同じだと感じました。ワークスアプリケーションズのように、能力主義が徹底していて、20代で1000万円以上の給与をもらっている会社もありますが、むしろここまでの能力給は稀な印象でした。

「給料は普通だと思います。最近のIT企業はすごく高いところもありますから、比較的知名度があるIT企業の中では、低いほうと言ってもいいと思います」（チームラボ）

裏を返せば、給料に関心がある人は、他のＩＴ企業に行ってしまう可能性は高いのかもしれません。社員は、給料ではない魅力を感じて、チームラボで働いている、ということ。ディー・エル・イーも、標準的な給料を目指してきたといいます。

「アニメ業界の中では比較的高いと思います。ただ、アニメ業界は、好きなことができるのだからそれでいいだろうと、とんでもない薄給で若者を使ってきた歴史がありますから、それは参考にはなりません。むしろ、そうではなくて安定的な生活が送れて、ちゃんと家庭を持てるような給与を出せる会社にしたかったんです。エンターテインメント業界ということでいえば、標準的な額だと思います」（ディー・エル・イー）

働く側に、お金に対しての強い意識が薄れてきているのではないか、と語っていたのは、カヤックでした。**カヤックには有名な「サイコロ給」があります。サイコロを振って、6が出れば基本給に6％が加算される仕組み。5なら5％。4なら4％**です。

6、7年前に、そこにあたらしい仕組み**「スマイル給」**を加えたのだそうです。**毎回、ランダムに決まる社内の相手に対して、相手を褒めてあげると、それが給与明細にのる仕組み**です。

「〇〇給　0円」と相手から評価してもらうことで、給与明細を開く楽しみを大きくしよう、0円だけど価値のある給与はあるはずだ、と考えたのだといいます。

「でも、明細を開けたときに、スマイル給がないとがっかりしますよね」（カヤック）

そこで人事が考えたのが、「スマイル給」を書かないと「サイコロ給」は出ない、というルール。「サイコロ給」は最低でも1％、最高なら6％の基本給アップになります。30万円の給料なら、1万8000円。40万円なら、2万4000円。決して小さな額ではありません。

「これなら、きっとスマイル給を書くだろうと思ったら、やはり書かない社員はいるのです。このときにわかったことは、意外にお金をみんな、気にしていないのではないか、ということでした。面倒なことはやらない、というよりは、お金に関心がない。たった一言スマイルを書くだけで済むのにやらないんですから」（同）

カヤックはウェブ業界の普通の給与水準だといいます。つまり、給料に関してはそれで満足している、もっと大きく求めようとはしていない、ということなのかもしれません。

ボーナスが全員一律、職級で月給は全員同じ、という会社

実は今、あたらしい働き方を求めている人たちは、給料に関しては、それほど大きなこだわりを持っていないのかもしれない。そうしたあたらしい動きに気がついて、大胆な仕組みを取り入れている会社もあります。

私もびっくりしてしまったのですが、なんと**ボーナスが全員一律、全社員で均等に割っただけで同じ額を配布している日本企業がある**のです。スタートトゥデイです。

「完全な成果報酬主義を取っていないのは、当社のひとつの特徴かもしれません。ボーナスは全員一律。給与も同じ階層、例えば部長であれば部長で全員同じです」（スタートトゥデイ）

これでは社内で競争がなくなってしまうのではないか。頑張った人間も頑張らない人間も給料が同じでは、モチベーションが保てないのではないか、とも思えますが、そんなことは

ないといいます。
むしろ、社員に競争をさせないようにするために、生まれた制度なのだそうです。しかもこれが、意外にうまく機能している、と。

「人を蹴落として自分の成績を上げようという社員がいないことで、ストレスはずいぶんなくなるようです。むしろ、いつも働く仲間が自分と同じような成績が出せるようサポートしようという意識に頭が向かう。営業を頑張って社内のグラフで一番を目指そうというのではなく、最近元気がない同僚を手伝ってあげて、伸ばしてあげることが人間としても働き方としても有意義だ、と思うようになっていくんです。だから人として思いやりが出るし、懐も深くなる」（同）

ボーナスは、入ったばかりの新卒社員から、本部長まで同じ額だそうですが、会社に来ない、サボる、遅刻する社員がいたとしても全員一律です。落ちこぼれの社員がもしいたとすれば、なんとかその人を周りがサポートして盛り上げて頑張ってもらうしかない、と全社員が割り切っているのだといいます。そうすれば、不平は生まれないのだ、と。

「あいつはサボっているのに、なんでオレの給料は上がらないんだ、ということが、そもそも議論としてなくなっていきます。世の中の会社の大半が、あいつはどうだとか、こいつはどうだとか、人間関係でこじれていると思うんです。その原因が必ずお金なんです。僕は、お金にそんなふうに人間関係を左右されるのがいやで、一切の競争が生まれない仕組みにしようと考えました。もうずいぶん前からこうなんですよ」（同）

平均的な給与は、ＩＴ業界では標準、アパレル業界ではちょっといいくらいだといいます。高いわけではない。ただ、こうした給与の仕組みがあり、競争をしない風土があるということを理解して入社してくる人は、むしろその点を評価している可能性もあります。

入社時点でかなりスクリーニングされることになる。この会社に合う人材が入社してくる、ということです。

評価査定がない会社も。給与は経営会議で毎月、決まる

今回、実はもう1社、ボーナスが全社員一律だという会社がありました。チームラボです。

しかもチームラボでは、そもそもボーナスに変化をつけるための評価制度そのものがないのだそうです。

普通の会社では目標があり、それをどれだけ達成したか上司と確認する面談などがあり、査定によって評価が決まり、ボーナスの額や昇給額などが決まっていきます。ところが、チームラボにはこうした仕組みそのものがありません。

ボーナスは、利益から割り当てられる社員数で割るだけです。したがって、赤字になれば全員がボーナスゼロ。大きな利益が出れば、全員が潤うという仕組みです。では、給与はどうやって決めているのか。

「経営会議で決めています。各役員が自分に近い人の仕事ぶりを見て、優秀だと判断すれば、給料を上げていきます」（チームラボ）

特にルールがあるわけではないそうですが、いきなり給料が倍になったりはしません。ちょっとずつ上がっていく。経営陣が集まる会議は月に1回ですから、昇給は随時、ということ。社内での高い評価を受けて昇給する社員も少なくないそうです。さらに、上がることはあっても、下がることは基本的にないといいます。

興味深いのは、この会社でも給料に関しては社員にあまり関心が高い様子がうかがえないと言われていたこと。社員同士でも、給料について話すことはまずないそうです。しかも社長自身、報酬とモチベーションにはそれほど因果関係がないことを社員によく話していると言います。

「有名な実験があるんです。同じことを追求するのに、報酬ありのグループと、報酬なしのグループがあった。最終的にどちらがいい結果を出したのかというと、報酬なしのグループだった。お金を目的に頑張るのではなく、やりたいことを集中してやったらいい結果が出た、という状態を作ることがベストだと思っています」（チームラボ）

そして実際に、仕事そのものに意欲を持っている社員が多い、という声が社内にはあるそうです。報酬を求めて、というよりは、いい仕事、面白い仕事を求めてチームラボという会社に来ている。チームラボの仕事そのものがモチベーションになっているのです。

だから、評価査定には大して興味はないし、社内で競争をしたりしようとはしない。経営会議で毎月決まる、といったゆるやかなルールでも気にしない。チームラボという会社らしさを示している、ひとつのエピソードだと思います。

最近では、多くの会社が、能力主義の浸透で会社内での競争が厳しくなっているという声が聞こえてきます。しかし本来、競争すべきは社内の同僚ではない、というのが本質でしょう。競争相手は、社外の競合です。

ボーナスを全社員一律にするというのは、あえて社内で競争をさせない、社内に競争を持ち込まないという大胆な仕組みといえそうですが、これを実践している両社ともに好業績を続けている、という事実にはしっかり目を向けておく必要があると思います。

先にも少し触れましたが、**そもそもチームラボには数字の目標がありません。会社にもなければ、個人にもない。**もうすでに人は数字で動かない時代が来ているのかもしれません。もともと、アップルのiPhoneのような画期的な製品にしても、あれが売り上げを求め、売り上げ目標を達成するために生まれたとはとても思えません。

数字達成のための仕事になってしまうと、無理をしたりズルが起きたりする可能性もあります。社員をどうモチベートするか、必要なスタイルが変わってきているのです。数字を上げればボーナスが上がる、というナビゲートの仕方ではなく、いいものを作って世の中を変えよう、というナビゲートにこそ反応する。そんな時代がもう来ているのではないか、と思うのです。

お金は平均的なものがあれば、仕事の満足度を求めていくようになるのかもしれません。

少なくとも、数字さえあれば、給料さえ高ければ、という発想はすでに違うのではないか、と改めて感じました。

上司の査定では限界。「360度評価」が増えている

チームラボのように評価査定がない、というのはやはり異端の仕組みで、他のほとんどの会社が評価システムを持っていました。しかし、単純に上司が査定する、というのではなく、**部下や同僚も自分を評価する360度評価、もしくはそれに似た仕組みの評価制度を持っている会社が少なくありませんでした。**

私も会社の経営に携わっていたとき、360度評価は魅力的でありながらも、難しさもあるな、と思っていました。例えば、同僚や部下が本当に正しい評価ができるのかどうか。責任を持ち、緊張感を持って、評価に取り組めるかどうか。根本的な疑問を持たなければいけないと思っていたからです。

仲がいいから、と恣意的な評価にしてしまったり、仲間だからと何人かでまとめていい評価をつけようとしたり、そういうことも起こる可能性はあるわけです。上司が気に入らない

から、と感情的な部分だけで評価しようとしたり、デキる同僚に対して嫉妬心から厳しい評点をつけてしまったり。

人間ですから、こういうことも十分に起こり得ます。だから、360度評価というのは正しい仕組みに見えて、導入するには難しさがあると考えていました。しかし、そろそろ導入ができる時代が来た、といえるのかもしれない、と今回の取材で感じました。

昔ほど評価そのもの、あるいは給料に絶対的な価値を認めなくなったこともひとつありますが、360度評価がうまく回る仕組みを同時に作っている会社が増えてきているからです。これが、極めて絶妙なものになっていると感じました。

「当社も360度評価ですが、自分が誰に評価してもらうべきなのかを考え、指名することができます。同時に、指名した相手を自分も評価する仕組みになっています」（ワークスアプリケーションズ）

360度といっても席を近くする数人であれば、本当の評価が出るかどうか、本人は不安になるかもしれない。そこで、上司、同僚、部下を含めて自分の仕事のプロセスを日々見ている社員を評価してほしい人に指名することで、仕事の評価の納得度を高めています。

「仮に評価が低かったとしたら、それは、周りからそう思われているのだという現実。一般的に評価に関しては、自分のことを周囲はわかってくれない、という声が上がりがちですが、当社の場合、自分が選んだ人から厳しい評価が出てくれば、もうそれを受け入れるしかない。ですから、評価に関する不平はほとんどありません」（同）

自分が評価してもらう人を指名する、という仕組みを付け加えたことが、ワークスアプリケーションズの360度評価がうまくいっている理由ではないかと思います。しかも、上司の評価はウエイトの約20％にしかすぎず、約80％は同僚が評価しているのだそうです。周りの同僚がどう思っているかが、評価に直結しているということ。だから、みんなが納得できるし、満足できる。この仕組みも、働きがいが高いという会社の評価のひとつになっているそうです。

職種ごとに、全社員のランキングを決めて発表する会社

360度評価をより効果的なものにするために、独自の工夫をしている会社がもう1社あ

ります。カヤックです。その特徴は、グルーピングをされた職種ごとに、実力ランキングが作られることです。

「例えばゲームのエンジニアであれば、20人ほどで全員が実力順に点数をつけます。一番できるエンジニアだと思えば20点をつけ、20番目であれば1点。それを全員がやります。最終的には、リーダーの点数をちょっと強めに、入社が半年以内の社員の点数はちょっと弱めに調整して、すべての点数を足してランキングを出します。これが、報酬の基準になるんです」（カヤック）

最終的なランキングの決定には、経営陣も数字を加えるそうですが、およそ8割方は、順番は変わらないそうです。同僚となる社員の目は正しい、と言われていました。

まじめに仕事をしているか、サボったりしていないか、といったことは、このランキングに如実に出てくると言います。チームが困っているときに、助け合ったりできるか、ということも。自分さえ良ければ、とばかりに結果を出しても、必ずしもいい評価が得られるわけではない。成果主義でのよくある不満を解消できる仕組みのひとつ、といえるかもしれません。

報酬はこの実力ランキングで決まりますが、カヤックの評価システムは全部で4つあります。ひとつは、自分が作った目標に対する360度評価。その期に作ったもので最高の作品について、評価をもらう。これは、報酬には関係なく、自分の成長に使ってもらおう、というものです。

もうひとつが、**変態診断。変わっているか、変わっていないか、を周囲から評価されるもの**で、せっかくカヤックにいるのにあまり自身に変化が見られない人は、成長していないのではないか、と指摘されるというわけです。同じ能力、実力を持っているだけではダメで、常に変わり続けないといけない、成長し続けないといけない、という考え方が表れた制度です。

そしてもうひとつが、賞与の業績となるポイント制の評価。賞与の分配に関しては、独自の指標を作っているということです。

それぞれ、どれをどんな目的のために使っているのかは、はっきりさせています。すべてが給与や賞与に直結するわけではありません。しかも、誰がどんな評価をしたのかは、オープンになっています。

「どの評価が自分の成長に役立ったのか、評価された側が〝いいね〟をつけていく仕組みが

あります。そうすると、評価者のランキングも出てきます。この人の評価が一番響いた、といった数字もランキングになります」（同）

評価者がオープンになっていると、厳しい評価はしにくくなるのかと思いきや、そうではないそうです。

「厳しく言ってくれた人ほどいい、という文化にしているんです。ちゃんと愛情を持って厳しく言ってあげたほうが、その人のためにはプラスです、と。逆に愛情がないなら、言わないほうがいいと思います、と」（同）

厳しい評価は愛情である、という考え方があり、評価する側も評価される。３６０度評価がいい加減なものにならない、独自の仕組みといえます。

目標設定は、見晴らしのいい気持ちのいい場所で

目標がない会社は別ですが、目標を持っている会社の場合、評価を受ける際に極めて重要になるのが、目標の設定をどうするか、です。先に、高い目標を設定しないことは低い評価を受けかねない、という企業の例も書きましたが、目標設定において、なんとも〝らしい〟やり方をしていると感じたのが、Ｐｌａｎ・Ｄｏ・Ｓｅｅでした。

「目標設定は半年に一度、シートを使って行っています。上司からのマストの部分と、部下がやりたいウォントの部分をお互いに聞き、納得するまで話し合ってシートに書き記します。それを半年後に振り返るんです。このシートを作成するとき、上司と部下が向き合うのではなく、できるだけ横に座るようにしています。あとは、見晴らしのいい場所、明るい時間帯を選ぶ。気持ちのいい場所で、上司と一緒になって考えるということです」（Ｐｌａｎ・Ｄｏ・Ｓｅｅ）

窓もない薄暗い会議室で、上司と向かい合って今後半年間の目標を立てるのと、見晴らし

のいい場所で景色を見ながら気持ちよく、しかも上司が隣に座って目標を立てるのとでは、まったく違ったものができるような気がしてならないのは、私だけでしょうか。

しかも、Ｐｌａｎ・Ｄｏ・Ｓｅｅでは部下の気持ちを重視するといいます。

「定量的な目標、定性的な目標を両方作ることになりますが、書くことは簡単なんです。でも、書いても楽しくない目標になっていたら結局、忘れてしまいますし、目標を追うことはなくなってしまう。定量的なことばかり書いて、部下のモチベーションが上がらないのであれば、定量的な部分を少なくすればいい。それは上司のさじ加減に委ねられています」（同）

加えて私がいいな、と感じたのは、**プライベートの目標についてもたくさん部下に書いてもらう、ということ**でした。〝ゴルフでスコアが１００を切るように頑張る〟なども、目標シートに書くというのです。仕事とプライベートを織り交ぜて書くことで、まさにワークライフ・インテグレーションを目指せるということです。

「会社の役割だけでなく、家庭での役割も書いてもらっているという上司もいますね。マネージャーとして部下にどう接するか、というだけでなく、家庭ではどんなことをしていくか。

仕事もプライベートも両立して追いかけてもらう。実は両方がうまくいくことが大事だと思うんです。仕事だけうまくいって、家庭がうまくいっていなかったら、やっぱり後々、仕事に影響は出るはずです。両方がうまくいくようなサポートをしていきたいと考えています」（同）

仕事さえ充実していればいい、プライベートさえ充実していればいい、というわけではまったくないと私も深く共感します。会社がそのことをよく理解していると、こういう仕組みが生まれるのです。

フィードバックは、ポジティブな言葉から始める

では、海外の会社ではどんな目標設定や評価の仕方が行われているのか。ＩＤＥＯで詳しく聞くことができました。

「年1回、自己評価をしますが、そのときにはマインドマップのような方法を使います。私

自身、数年前の目標はブランドアンバサダーでした。IDEOという会社を、いろいろな人たちに伝えていくことが目標でした。そのためにやらなければいけないことを書き出していきました」（IDEO）

このシートを、**ワークマップ**と呼んでいました。**これからの1年を計画するためのものであり、周りの人たちとディスカッションするためのもの。**このシートを使い、周りからも、もっとこういうことをしたほうがいいのではないか、こんなことはやらなくていいのではないか、ということを議論して書き込んでいくのです。

「このとき、周りの人は上司ではありません。コーチやメンター、ビジネスリーダー、プロジェクトリーダーという呼び方をする仲間なんです」（同）

そして1年後、このときに作ったワークマップと、過去の古いマップを持って、仲間からのフィードバックを受けるのですが、このやり方がユニークです。

「あなたはこれをやらなかった、ここがダメじゃないか、という言い方はしないんです。〟

like〟や〝I wish〟から始まるようにしています。ポジティブに始めることが大事なんです。ポジティブにすることによって、もっと相手が聞く気持ちになるから。言葉というのは、ある種のモードを作ります。だから、どんな言葉を使うのかは極めて重要です。何かしてほしかったと思ったとしても、やらなかったじゃないか、という言い方をするのではなく、やればよかったね、という言い方をする。これはクライアントとのコミュニケーションも同じで、ポジティブで楽観的なところからスタートするほうがいいんです」（IDEO）

パタゴニアでは、半年に1回、やはり自分が設定したゴールの達成と通過点情報を評価して、それが給与査定やボーナスに反映されていくそうです。

「成果主義ではあるんですが、人によっては数字で評価されますし、人によってはプロジェクトですし、人によってはモノの考え方だったりします。評価対象もそれぞれの部署や職種によってさまざまなんです。単に人を批判したり、人の悪いところを指摘することがない評価方法をとっています」（パタゴニア）

数は簡単に証明できるが、考え方はそうはいきません。単に業績を上げればいい、というだけではない力が求められてくるということです。

依存しないためのプラットフォームを作るという挑戦

日本の会社には、細かなルールが多すぎる、という声を聞くことがありますが、**あたらしい働き方を取り入れようとしている会社の共通項は、ルールが驚くほど少ない**、ということかもしれません。その究極の形ともいえる働き方に挑んでいる集団があります。Livertyです。

「今、２００人ほどのメンバーがいますが、大学生もいればニートもいるし、主婦も経営者もいます。年齢も職業もさまざまな人たちが集まって、平日の夜や土日を使っていろんなビジネスを創ったり、ウェブサービスを作ったりする。ビジネスを作っていくという実験をしています」（Liverty　代表　家入一真氏）

代表の家入氏は、かつて引きこもり少年でした。20歳を過ぎてからビジネスを起こし、レンタルサーバー事業に成功して、当時の史上最年少の上場記録を作ったこともある人物です。

レストランなどさまざまな事業を展開していますが、雇用することにずっと違和感を持っていたといいます。

「給料をもらって生活するということは、会社に対して依存してしまうという生き方をともすれば作ってしまう、ということに気づいたんです。人間は依存してしまうと抜けられなくなります。過酷な労働環境に追いやられても愚痴を言いながらやるしかない、なんてことにもなる。不満があっても、給料がもらえるから働き続ける。会社を経営して雇用するというのは、そうした依存する人たちを増やしてきただけではないか、と思うようになっていったんです」（同）

そこで彼が作ったのが、組織に依存することなく、お金が稼げるプラットフォームでした。基本的に出入りは自由。ゆるいつながりの人間が集まって、意見をぶつけあいながら何かを始める。定期的な給料は発生しませんが、自分で起こしたものから収益を得ることができる。何か見つかるかもしれないし、何も見つからないかもしれないけれど、うまくいったら収益を分配しようという組織です。

すでに10を超えるサービスが出ているそうです。儲かっているものもあれば、儲かっていないものもあるようですが、そこに参加している人たちが協力し合い、家入氏のような経営知識のある人たちが教えたりもして、起業塾のような場にもなっています。

「あたらしいECサイトのプラットフォーム〝BASE〟、自分のスキルや時間をコンテンツとして切り売りできるクーポンマーケット〝OREPON〟など、さまざまなプロジェクトが立ち上がっています。他にも顔に広告を1日1万円で貼り付ける〝顔面広告〟や、港区限定で1回500円でおつかいを引き受ける〝ぼくのおつかい〟など、個人を切り売りするものや、自分をさらけ出すことによって稼いでいくものも多いです」（同）

自分には能力がない、という人もいますが、実はやればできる、という教訓にもなっているといいます。能力がないなんてありえない。何をしてでも食べていく方法を考えるべきだ、と家入氏は多くの人に伝えたいのだと私は感じています。

起業ともまた違う、あたらしい働き方のひとつといえますが、実は海外に行くと、こうした働き方をしている人は少なくありません。ちょっと何かを作ってあげたり、街を案内してあげたりして、お金をもらったりする。収入は決して多くはないけれど、お金をたくさん稼いで派手な生活をするだけが幸せではない、という考え方が特にヨーロッパには浸透しています。
　個人の能力を切り売りしていくことを含めて、個人商店ばかりの国もあります。企業に所属するというだけが、働くということではないと知っておくことも重要なことです。

人事のシステムを「人事部」「人事スタッフ」が作らない

　Ｐｌａｎ・Ｄｏ・Ｓｅｅしかり、カヤックしかり、どうして社員の側をきちんと向いたユニークな制度ができているのか。興味深い事実がありました。

「人事制度は、人事が作らないんです。現場のメンバーが、人事制度を作っています。こんな制度だったら自分たちはうれしいね、とか、公平だね、とか、いろんな議論をする。いいマネージャーや活躍しているメンバーがいれば、どうすればそういうスターが生まれるのかを考えて、社員がベースを作る。人事はそれに付き添って、ディスカッションしながら最終的にまとめていくお手伝いをするような役割なんです」（Ｐｌａｎ・Ｄｏ・Ｓｅｅ）

例えばPlan・Do・Seeでは、**評価は、店舗の責任者が出席する評価会議で行われます。**丸2日かけて、社員500人規模の評価をする。店舗の責任者が、全員の名前と評価をPRして、それについて他の店舗の責任者や人事が「辛いんじゃないか」「甘いんじゃないか」と議論をしていくそうです。時には、ルールに縛られない評価もしていく。一人に対しての評価をこれくらいしっかりしていこう、という発想が生まれているのも、人事部が制度を作っていないからだと言います。

人事部門の担当者も、専任ではなく現場からどんどん入れ替わっていきます。だから、発想が柔軟になる。ルールは一度、作ったら終わりではなく、5年前に作ったルールが時代に合わなくなってきていれば、どんどん作り替えていきます。

「実際にきちんと運用される制度を作りたいんです。作っても誰も使わない制度って、けっこうあるんですよ。そういうものはどんどんなくしていく。あたらしいものに作り替えていく。そうやって自分たちが作って、しっかり使われて残った制度は、みんなが愛するんです」

(同)

同じようにカヤックでは、人事部がもともとクリエイターだったのだそうです。

「クリエイターをコンバートして人事にしています。ですから、面白い材料を仕掛けていくことを夜な夜な考えていますよ（笑）。実は会社の制度こそ、クリエイティブであるべきだと思うんです。〝サイコロ給〟だって、人事から出てきたアイディアですからね。報酬制度も、クリエイターに特化して作ろうとしているんです」（カヤック）

根底に流れているのは、自由でいい、という発想。どんな働き方もやってみればいい、と。制度化しているのは、それを実現しやすくするためのもの。特殊な働き方をして成果が出ているのであれば、それを経営陣は求めているといいます。新たなロールモデルになるかもしれないので、丁寧に伝えてほしいとメッセージしているのです。

もとより仕組みやルールを守ることが、組織の目的ではありません。**成果が出せて、社員が心地よく働けるための仕組みやルールであればいい。**そういうものがあれば、本来はどんどん取り入れるべきだと思うのです。

これはやってはいけない、が自然に共有される

一方、ルールを明文化し社員を縛るデメリットを感じて、あえてそれをはっきりさせない、と語っていた会社もありました。チームラボです。

「例えば採用にしても、完全に自由な権限を与えられているわけではなくて、なんとなく公になっていて、なんとなく場合によっては誰かに相談しないといけない、みたいな。ものすごく不明瞭なんです（笑）。ルールはあまりないけれど、だから自由というわけではなく不明瞭。なぜなら、刻々と状況は変わるから。すべてが許されるわけでもないし、権限があるわけでもない。何してもいいんだけど、何しても許されるわけではない、みたいな（笑）」（チームラボ）

極めて微妙な物言いでしたが、よくわかる気がしました。結局、何でもしてよさそうな雰囲気は残されているのです。逆にいえば、こういう微妙な空気を読めるという能力が必要になる。こういうものが自然に共有されているということが重要、ということかもしれません。

「明文化されているルールはありません。出勤時間が決まっているくらい。でも、自由なわけではない。非言語化されているルールが、おそらく他の会社より多いと思います。仕事のプロセスは厳しく管理されています。メールのフォルダ分けまで共通化しようというくらい（笑）。会議では議事録が必須で、パソコンを持って来なかったら叱られます（笑）」（同）

何もかも、これはダメ、あれはダメ、と決めてしまうのは、簡単なことです。しかし、それによって、自由な発想ができる空気が損なわれてしまうのかもしれません。やがて、自分で何も考えずに、ルールだけで物事を判断してしまうような組織になってしまう。これはこれでラク、ともいえますが、これではクリエイティブな発想など出てこないでしょう。

実は私が主宰しているトライアスロンチームにもほとんどルールがありません。ルールを作っていない。ルールが明文化されていたり、上下関係に厳しいチームがあったりしますが、それもない。こういうことをしてはいけない、こういうときはみんなが協力して率先してやろう、というような明文化されていない雰囲気があります。

すべては暗黙知で行われています。みんな、わかっているよね、という共通の感覚がある。その感覚がわかる人しかチームにいないのです。しかし、これはその空気を読めない人にとってはつらいことかもしれません。むしろ、体育会系の「こうだ」というルールがはっきりしているほうが合う、という人もたくさんいると思うのです。
では、どうしてルールを作っていないのかというと、私自身がルールで縛られるのが嫌だからです。だから、チームラボの感覚はよくわかります。こういうことをされたら嫌だな、こういう動きはよくないな、といった感覚がみんなの中にしっかりあって、それがなんとなく共有されてじわじわ浸透していったのだと思います。そしてそういうルールなしで分かち合えている状態が、みんなの中で極めて心地よくなっているのだと思うのです。

ピアプレッシャーがあれば、ルールはいらない

しかし、ルールがぼんやりしていては、社員をコントロールできないのではないか、という思いも持たれるかもしれません。ところがそんなことはないのです。部下をルールで縛り、監視し、管理するだけが、その方法ではないのです。

「仲間からの、ある種のプレッシャーですね。ピア（同僚）プレッシャーとも呼ぶべきもの。優秀な同僚たちとも競争しているわけですから、彼らが見ているぞ、ということは自分を律

する重要なポイントになると考えています。昔のヒエラルキーの厳しい組織なら、ボスにちょっとゴマをすったりして、自分の身を守ることができた。しかし、今は違う。仲間すべてが見ているからです」（ＩＤＥＯ）

つまりは**ルールなどなくても、同僚たちの良心の目がしっかり見ている、**ということです。それを意識すれば、おかしなことはできなくなる。似たことを、他の会社でも聞くことができました。

「正しい理由があれば、３時間しか仕事をせずに帰っても問題ありません。９時に来て３時に帰ることもできるし、それが２時であっても可能です。ただし、ちゃんとした自分のプランがあって、の話です。上司がＯＫできるくらいの、しっかりとしたその先のプランやコミュニケーションがあったら、責任を遂行する上で別に自由にして構わない。家で仕事をしていても構わない。ただ、そうでなければ、クオリティの高い仕事ができないことになります。責任と成果のコントロールを自分でしないといけない。それを周囲はしっかり見ています」（パタゴニア）

いいものを作りたいという会社の方針があるだけに、一人ひとりの仕事には無言のプレッシャーがかかってくるということです。意識の高い人しか会社には残れないのです。

後輩が働いていても、周りの仲間もみんな楽しそうにしている。これも、いい意味でのピアプレッシャーといえると思います。みんなが頑張っているから、自分ももっと頑張らないと、と思えるわけです。

そしてもうひとつは、大きな方針をしっかりと持っていること、といえるかもしれません。

「目標を追いかけるときには、ときに迷うことがあります。もし迷ったなら、他の人をハッピーにするような方法を採ってください、と伝えています。それさえやっていれば、正しいから。自由だけれど、当社にはひとつのポリシーがあるんです。それが、Be nice policy。ナイスでいよう、と。例えば批判をするときにも建設的な批判をする。意地悪で、おとしめてやろうという批判ではなく、建設的な批判をするようにしています」（インストラクタブルズ）

ルールで縛り上げることだけが、コントロールできる唯一の方法などではまったくないのです。

クライテリア④ 会社・経営者

規模 →大・中・小
IPO →ある・ない
成長ステージ →成長過程・成熟過程
社歴 →長・短
成長率 →高・低
利益率 →高・低
学歴重要性 →あり・なし
女性の割合 →多い・少ない
経営者 →オーナー・サラリーマン
オーナーの社歴 →学生時代起業・サラリーマン経験
経営者タイプ →学生ベンチャー・プロ経営者

利益率の高さが、あたらしい働き方を可能にする

会社を見る視点はさまざまにありますが、あたらしい働き方を実現する、という点で特に注目して見ておかなければいけないのは、利益率だと改めて感じました。**今回取材した多くの会社が、高い利益率を誇っていた会社**だったからです。

例えば、**グーグルにはストリートビューなどを生み出した有名な20%ルールがあります。仕事時間の20%を自分の好きなことに使える、というもの**です。もちろん背景には、この20%で仕事時間ではなかなか生み出しにくいあたらしいアイディアを生み出してほしい、という目的があるわけです。

仕事というのは、同じことばかりやっていると広がらないもの。ある程度までは行けても、一本道ではどん詰まりにぶつかる。例えばシェフでも、優秀な人はただ料理を一生懸命作っているだけではありません。同業の料理を食べに行ったり、もっと優秀なシェフは違うジャンルの料理を食べに行ったりしている。

違うものに触れることは極めて大切です。それが20%も認められるグーグルの仕組みは素晴らしいと思います。そして、この余裕がたくさんのあたらしいビジネスを生んできたこと

は間違いないと思うのです。

しかし、ではすべての会社にこれができるのかといえば、それは難しいでしょう。

「あくまでも、高い利益率で事業が回り出したから、できたことです。よく、同じようなオペレーションをやってみたいという声も聞こえてきますが、会社の立ち上げで同じようなことをしたら危ないと申し上げています」（ワークスアプリケーションズ）

ワークスアプリケーションズでは、もちろん採用の時点で優秀な人材にこだわっているわけですが、それ以上にどうして入社後、彼らが大きく成長できたり、あるいはその環境に満足して身を置けるのかといえば、失敗してもいいという文化があるから。失敗するコストが、最初から事業に組み込まれているからです。

これは、会社の事業に高い利益が見込めるからにほかなりません。グーグルにしても、儲けが少ないのに、20％ルールなど課していたら、会社が揺らいでしまいかねない。20％ルールが実現できるのは、高い利益率を誇れるビジネスモデルがあるから。そして、20％ルールの背景にはもうひとつ、この制度があるために優秀な人材を惹きつけられる、という目的があるのです。

そしてこの収益の高さは、いろんな選択肢につながります。社員を20％遊ばせるという選択もありますし、20％分休ませてしまう選択もある。スタートトゥデイのように勤務時間を減らしてしまう道もある。

しかし、**自由度を高めたり、社員の満足度が高まるような環境を作るには、旧態依然としたビジネスだと難しい、**というのも現実です。営業利益が2～3％の会社が、自分たちもあたらしい働き方を実践してみよう、と形だけ真似ようとしても、うまくいかない可能性は高い、ということです。

結局、表面的な制度や形だけ整えようとして、かけ声だけで終わってしまう。もとより、現状も厳しい営業利益率の中で、あたらしい働き方を取り入れるような余裕はないはずです。

この本で解説しているあたらしい働き方は、残念ながら利益率の高いビジネスをしている企業でないとなかなか実現できません。

なので会社を選ぶ際には、利益率に着目することは極めて重要だということです。儲かるビジネスモデルを持っているか。それがあって初めて、あたらしい取り組みは可能になるからです。

小売りや飲食でも、高収益の事業が作れた理由

一般的に小売業や飲食業は利益率が低いと言われていますが、ではどうして靴のショップであるザッポスは、革新的な働き方ができたのか。それは、インターネット販売だったからです。リアル店舗ではなく、インターネットショップにすることで、コストを圧縮できたからにほかなりません。

では、飲食業メインのＰｌａｎ・Ｄｏ・Ｓｅｅはどうか。この会社はホテルやレストランも経営していますが、主力はウエディング事業。実に売り上げの４分の３を占めています。この事業の利益率は極めて高いのです。それこそ、もし飲食事業だけを展開していたら、今のようなスタイルは難しかったかもしれない。

Ｐｌａｎ・Ｄｏ・Ｓｅｅが、人事部門に現場から人材を引っ張ってきているとすでに紹介しましたが、利益を生まない人事部門に利益を生む現場の優秀な人材を異動させるのは、会社にとってはかなり勇気のいることのはずです。

実際、取材したＰｌａｎ・Ｄｏ・Ｓｅｅの人事部長はこれまで人事の経験がない人物でした。人事経験者だと、どうしても発想が過去の延長にならざるを得ません。それより、現場

を熟知した優秀な人材に人事を任せたほうが、大胆な発想ができる。それができたのは、高い利益率があるから。余裕感があるからです（もちろん現場でどんどん人が育っている、ということもあると思いますが）。

しかし実際には、長期的に見れば人事は最も大きな利益を生む場所でもあります。利益を生む人材を獲得したり、その風土を創り出す場所だからです。

また、海外研修など、多くの人材に教育投資ができているのも、高い利益率のビジネスがあってこそ、だと思います。それこそ年間に60人もの社員を海外研修に送り込んだり、幹部を何人も海外に派遣したり、留学させたりしている会社が、もっと規模の大きな会社でもそうそうあるとは思えません。

幹部社員に関しては、先にも書いたように1年間海外に行って、何か事業をやってこい、というわけではない。言葉と文化を学んでこい、という話なのだといいます。大変な投資ですが、極めて価値ある投資です。いずれ、こうして1年間いろんな国で過ごした幹部たちが、日本であたらしいビジネスやサービスを創り出していくことは間違いないからです。

もっといえば、こんな考え方ができるのも、利益率の高さゆえ、だと思います。

「現場の店舗の責任者は、自分たちの店の状況はもちろんですが、会社の全売上利益を共有

して把握するようにしています。しかし、一般のスタッフにはそれは求めませんし、売り上げは意識してもらうものの、特に利益はあまり意識させません。利益を意識し始めると、削らなければいけないというイメージが頭の中に残ってしまうからです。お客さまと一番多く接する人は、利益のことではなく、いかにお客さまにいいものを提供するか、をまずは考えてほしいと思っています。最善のサービスとは何かを追求してほしい。その投資効果を判断するのは、あくまでマネージャーであるべきです」（Ｐｌａｎ・Ｄｏ・Ｓｅｅ）

だから、最前線できちんと顧客のほうを向いたサービスをすることができる。さらに、月２００時間以内に労働時間を抑えようと短時間労働にも取り組んでいます。これがまた、利益率を引き上げることになる。社員の満足度を高めることにもつながる。

まさに利益率の高さが、素晴らしいスパイラルを生んでいるということだと思うのです。

規模や成長ステージは、選択のための重要な指針

もうひとつ、その会社が**どんな規模や成長ステージにあるのか、という点も選択のための**

重要な指針のひとつになると考えられます。例えば、まだ小さな組織なのか。それとも数百人という成長途上にあるのか。また、数千人、1万人を超えるような大組織になっているのか。

小さな組織であれば、比較的、自由度が高いことが想像できます。全社員の顔と名前が一致するようなアットホームな環境で仕事をすることになる。プラス面もある一方で、事業の安定感という意味では、まだまだ大きな期待を持つにはリスクがあります。

一方で大きな組織になれば、事業の安定感は手に入れることができるかもしれませんが、自由度に関しては小さな会社ほどとは言えないかもしれない。

ここに成長率を加味してみれば、会社の状況はさらに見えてきます。それなりの規模があっても、成長率が高ければ、まだまだ成長過程であることがわかります。どんな規模か、成長ステージかによって、会社の状況は大きく変わるのです。

成長ステージの別の観点もあります。会社が上場しているか、していないか。あるいは上場して間もないか、ずいぶん経っているか、です。

上場している会社には利点もあります。社会的な信用が高まり、会社としての安定感はより増していく、ということがいえるでしょう。資金調達力もついて、新たな事業投資への可能性も膨らむ、という見方もできます。

しかし一方で、上場にはデメリットがあるのも事実です。上場に際して、さまざまなルールを課せられるため、本来、企業が持っていた柔軟な組織風土が変わってしまうリスクがあります。また、株主からのプレッシャーを受けることになり、それまでのような自由な経営が行える環境とは変化してしまう可能性もある。

今回、取材した会社にも、上場している会社、していない会社双方があります。上場していたけれど、廃止してしまったワークスアプリケーションズのような会社もあれば、いずれ上場を目指すことを考えている会社もあります。また、上場する気はまったくない会社もある。

一方で、セールスフォース・ドットコムのように、上場して株価もどんどん上がり続けている会社もあります。成長率も高く、株価も変動するので、自分が頑張れば株価に影響を及ぼすことができるのではないか、という醍醐味も味わえます。こういうときには、ストックオプションというのも、大きな魅力になります。実際、こんな制度もあるようです。

「給与の20%までは、その時点での15%割引で株式を買うことができる仕組みがあります。会社が大きく成長しているときですから、株価が伸びれば自分の資産も増えるかもしれない。こんなチャンスに参加してください、というメッセージを会社もどんどん発信しています」

(セールスフォース・ドットコム・ジャパン　執行役員 人事本部長　石井早苗氏)

セールスフォース・ドットコムでは、会社が大きな利益を挙げたとき、社員に還元する割合も、かなり高いのだそうです。成長期のステージだからこそ、といえるかもしれません。

女性の割合が多い会社は、何が違うのか

女性の社会進出が日本でもようやく進んできましたが、会社をよりいい方向に導くために女性をどう活用するか、という点で、あたらしい働き方を実践している会社から学べることがたくさんあると感じました。例えば、パタゴニア。

パタゴニアは、従業員の68％が女性です。どうして女性が多いのかというと、**〝家族型発想〞が会社には極めて有効だから、**だといいます。

「女性は細かい仕事に向いているから、という話ではなく、子どもの頃、家に帰ってきて真っ先に足を運んだ場所はどこだか覚えていますか。キッチンだと思うんです。冷蔵庫が目当

てのひとつなんですが、そこにはお母さんがいて、何も聞かれていないのに、いろいろ話をして。そういう存在や場所があると、社員の意識が変わるんです。Involvementじゃなくて、Belongになる。細かい気配りがなされ、コミュニケーションが円滑になります」（パタゴニア）

そしてもうひとつが、**女性ならではのコストコンシャスな感覚。**オフィスで紙のカップでコーヒーを飲むとどうなるか。1日一人3杯。300人でカップ900個。10日で9000個。100日で9万個。1年で約30万個…。つまりは、とんでもない数のカップを使うことになるということです。

では、女性が多い職場がどんな発想をするのかというと「家から使っていない陶器のカップを1個持ってきて」となる。そして、みんなでシェアするのです。

「家ではお客さんに出さないようなカップがいっぱい余っていたりするものですよね。それを会社で使えばいい、と。社内の環境革命の第一歩ですよ。こういうのは、女性かつ母親ならではの発想だと思います」（同）

節約が上手だったり、モノを大事にしたりする女性の感覚を重視し始めたら、あらたな気づきも生まれた、といいます。そういう女性が長く働ける環境を作らないといけない、ということです。そこから発想されたのが、デイケアセンター（託児所）でした。

「アメリカは託児料が高いんです。普通に週3回で1カ月500ドル程度。だったら、社内に作ってしまったらどうか、と」（同）

実際、**会議室と経理部門の入った建物の1階には、大規模な幼稚園と託児所があります。**レストランが社内にあるので、食事もできる。本社の中に、子どもを預けられる立派な施設があるのです。

生活の知恵を生かす。いいモノにこだわる。コスト意識を持つ…。こういう発想ができたのは、まさに女性の比率が高かったからだとパタゴニアはいいます。そして女性にとっての働きやすさは、さらに優秀な女性を惹きつけることになる。いいスパイラルが生まれていくということです。

パタゴニアは極めて離職率の低い会社としても知られています。そこには間違いなく、女性的、母親的発想が随所にちりばめられていることもポイントになっているのではないかと思います。

経営者の〝傾向〟で会社は大きく変わる

会社は経営者で決まる、とはよく言われますが、あたらしい働き方を実践している会社も、まさに経営者が大きな役割をはたしていました。会社を選ぶときには、経営者がどんな人物か、どんなことを考えているか、必ず確認しておくべきだと思います。

例えば、**社長が夢を語り続けられるかどうか。**夢を語る社長はたくさんいますが、語り続けられる社長は多くはない。

セールスフォース・ドットコムも、急激な成長の背景には、間違いなくマーク・ベニオフという経営者の存在がありました。夢を掲げて、それを達成したら、また次の夢を掲げ、達成していく。そのたびに会社は大きくなっていく。

それこそストックオプションを持っていた人たちは、経済的に大きな恩恵を被ることができたはずですが、**経営者を信奉し、経営者が目指す道を一緒に歩みたいために、簡単に会社を離れなかった。**経営者が素晴らしいと、この人とまだまだ一緒に頑張りたい、ということになるのです。

みんなで会社を大きくするんだ、成長するんだ、株価を上げるんだという強烈なモチベーションがあって、ハードワークも厭わない。しかも、掲げる夢が次々に実現されていくので、大きな達成感が得られる。

上場を目指しているベンチャーや、上場したベンチャーが必ずしもこうなるわけではありません。だから、経営者を見なければならないのです。成長をし続けられなければ、次々に人は離れていきます。リワードされないのです。しかし、リワードされたなら、仕事に多少、面白みがなかったとしても、誰もがついていく。

日本でも、例えば、Ｐｌａｎ・Ｄｏ・Ｓｅｅがなぜ、これほどまでに多くの若者を惹きつけているのか。それは、野田豊加さんという経営者が大きな夢を掲げてきたからだと思います。ウエディング事業に始まり、レストランを経営し、さらに「ホテルを経営したい」「海外でレストランを展開したい」「次は海外でホテルをやる」と次々に大きな夢を掲げたことが大きかったのではないかと。

端から見れば夢物語に見えても、目指している本人たちは本気で向かっている。そうなれば、**経営者の夢は、自分の夢になる**のです。私は個人的に社長の野田さんを知っていますが、本当に楽しそうに夢を語っていました。どうして社員があれほど楽しそうに仕事をしているのか。それは、社長の野田さんの夢と社員の夢がかなり近くなっているからかもしれません。例えば、海外のホテルをやるという夢が、みんなが納得のいく夢だったりする。

「Plan・Do・Seeの視点は、人々を幸せにできるような会社になろう、ということなんです。今は日本だけでなくアジアでも事業の開発を進めていますが、その土地の価値を高めたり、あたらしい価値を生み出したりしたい。例えば中国に行けば儲かるからホテルをやろうとか、繁華街の一等地が空いているから何かやろうとか、そういうのは絶対にやらないです。儲けることは大事なことですが、そのためだけにはやらない、というスタンスなんです」（Plan・Do・See）

そして社長があたらしい夢をどんどん叶えていく。だから、面白くなる。そして自由度が高い大きな仕事が、どんどん任される。

仕事の充実度は、経営者によって大きく変わる。そう言っても過言ではないと思います。

会社員経験のない経営者は、組織の作り方が違う

前例がないあたらしい働き方が生まれてきた背景として、経営者に固定観念がない、ということも挙げられると思います。もちろん社会人経験を持ちながらも、固定観念を持たずに経営をしている経営者もいますが、**中には一度も社会人経験を持たなかったことが、結果的にまったくあたらしい働き方を生み出したのではないか、と思えるケースも少なくありません。**

とりわけ学生からそのまま起業したケースでは、過去の連続で会社が発想されていません。創業者が東京大学大学院在学中に起業したチームラボしかり、マサチューセッツ工科大学の博士号取得者が創業したインストラクタブルズしかり。今の時代に必要とされている制度が、きちんと考えられて作られたのではないかと思うのです。

もし創業者がどこかの伝統的大企業に勤めていたりすると、「会社というのはこういうものだ」という考え方がベースになったはずです。しかし、学生が作ったために、それがなかった。過去の連続にはない、面白い人事制度などが生まれていった。創業者がスタンフォード大学在学中に起業をしているグーグルもそうだと思います。

「会社というのはこういうものだ」という固定観念がなく、経営者自身が自分の一番カンファタブルな働き方、ベストな成果が出せる仕組みを、会社が大きくなってもそのままやり続けている。だからこそ、社員にも受け入れられるし、結果も出せているのではないかと思うのです。

もとより人事制度というのは、社員を管理するために作られたものでした。製造業の工場労働に代表される、古い時代の働き方には、社員の管理が必要でした。ところが今は時代が変わり、多くの労働者にクリエイティブな仕事が求められている。

そうなれば、人事のノウハウは明らかに古くなっている可能性があります。それを、あたらしい時代に当てはめるのはやはり無理があるのです。さまざまな面で、時代にそぐわないものになっているかもしれない、ということ。それは人事に限りません。チームラボからは、こんな驚くべきコメントをもらいました。

「財務担当はいません。資本金ゼロで始めて、今も外部資本はゼロです。銀行からの借り入れもありません。成長するためにはお金が必要ですが、それはキャッシュフロー内でやっています。どうして借り入れしないか、ですか？　借り入れするための計画を立てたりするのが、面倒だからです」（チームラボ）

いわゆる会社を経験してきた人からは、破天荒にも思えるやり方ですが、極めてうまくいっています。組織の作り方も、今までとはまるで違う。

これが上場するとなると昔の延長に合わせないといけなくなりますから、どうしても型にはまることになるわけですが、そうでなければ困ることは何ひとつありません。事業は右肩上がりで、クライアントからも高い評価を得ているのですから。

こうした会社の成功を見ていると、人事などの管理系のポジションが今、はたして本当に必要なのか、と思わざるを得なかったりもします。人事などの管理系ポジションがあるから制度を作らないといけないのではないか。人事の仕事のために制度があるのではないか、複雑な会社の仕組みやヒエラルキーがあるのではないか、とまで思ってしまいます。

結果的にそうしたものが、社員が働く満足度を下げてしまっているとするなら、それは本当に本末転倒です。

社歴の長い会社には、あたらしい働き方は無理なのか

そうした人事や管理部門を持つ伝統的な企業、社歴の長い企業が、あたらしい働き方を実

践できるのかというと、極めて難しいのではないか。それが、今回取材して感じた、正直な感想です。

過去を引きずっているものが本当にたくさんあって、急にあたらしいことをやろうとしてもうまくいかない。あたらしい人事制度を加えても、社員からはいまひとつピンと来ないケースが多いのも、そういうことだと思うのです。

古い建物に、いくらあたらしいものを乗せたとしても、建物自体の古さがどうにもならなくなってしまっている。しかも、会社の風土や人間関係がすでにできあがってしまっている中で、ここで紹介しているような仕組みを導入して簡単にうまくいくとは到底思えません。

ひとつ方法があるとすれば、自ら変わろうとするのではなく、外に切り出すということだと思います。**子会社とか専門の部署を作って、有能な社員を投入して、あたらしい風土を持った会社を新たに作り上げる**のです。結果的にうまくいけば、大きな利益を得て本体に収益を還元したり、上場益をもたらしたりするようなことができるかもしれません。

実際のところ、**どうしてあたらしい働き方を採用する会社が増えているのかといえば、そうでなければ優秀な人材が採用できないから**です。これは採用競争でもあるのです。いい人を採りたいから、働きがいのある環境やチャレンジできる風土を企業として作ろうとしている。そうでないと、会社として伸びていくこともできない時代であることは、多くの会社が認識している。

そこに大きな危機感を持っているからこそ、ここまで本気にいろんなことをやっているのであり、投資もしているわけです。ちょっと変わったことをしよう、などという発想でやっているわけではまったくないのです。

それこそ、仕事が楽しい、などという言葉が、10年前、20年前は職場で語られたでしょうか。そんなことはまずなかった。もし、それが語れない風土に会社がなっているとするなら、これからは採用に関して極めて高いハードルがあると考える必要があるかもしれません。優秀な人材は当然、楽しい仕事がしたいと考えているから。結果的にそれは、企業としての競争力を大きく左右することになるでしょう。

そしてもうひとつ、企業組織が次第に硬直化した存在になっていくのであれば、ひとつの会社に何十年も勤務し続けるリスクについても認識しておかなければいけないと思っています。自分の会社が時代に合わせて柔軟に変化していける会社かどうか。そのあたりも十分、考慮する必要があります。

クライテリア5 環境

場所　↓都会・田舎

オフィスの雰囲気　↓楽しそう・伝統ベース

オフィスの形態　↓パーテーション・コラボレーション

コンシェルジュ・サービス　↓あり・なし

社員に求めるもの　↓能力・カルチャーフィット

オフィスをあえて都市部に置かない、という戦略

オフィスが都市部にある理由は、かつてはたしかにあったのかもしれません。ビジネス街にあれば、お互いに訪問が容易になる。お洒落な街にあれば、会社のイメージアップにつながる。しかし、社員にとってはどうだったのでしょうか。

例えば、パタゴニアのオフィスはカリフォルニア州のベンチュラにあります。ロサンゼルスから車で2時間ほど。東京からの距離でいえば、茨城県くらいの感覚です。東京ではない、ちょっと外れたところに、あえて本社を置いている。これはどういうことか。サーフィンが楽しめる、というだけでは実はないのです。

「パタゴニアの給料はどちらかと言えば、平均的です。しかし、それは都市部の感覚からすれば、です。言ってみれば東京の標準。でも、東京の標準で、地方都市で暮らせるということになればどうでしょうか」（パタゴニア）

東京に比べれば、地方都市はライフスタイルコストが8割だと言われます。ロサンゼルス

の標準的な給料でベンチュラに暮らすということは、ロサンゼルスの8割のコストで生活できるということ。つまり、**可処分所得をぐっと高くできる。生活しやすくなる**ということです。

加えて、**職住近接でオフィスの近くに住むことができる。**長時間の通勤やギュウギュウ詰めのラッシュの電車に乗る必要もない。オフィスが郊外にあることで、ワークスタイルもライフスタイルも豊かにできるということなのです。

今回インタビューした日本企業にも、これと似た発想を持っていた会社があります。スタートトゥデイの本社があるのは、千葉県の幕張。都心からはかなり離れていますが、これは戦略的にそうしたと語ります。

「目的は、社員の生活コストの安さです。ＩＴですから、実はどこでも仕事はできるんです。将来的には、誰がどこにいてもいい、ということになるかもしれません。それぞれが地元に帰って、ネットワークのインフラでつながって商売しているかもしれません。ＳＯＨＯの発展版のようなものになる可能性もあると思っています。だから、東京にいなければいけないという、その価値観も嫌なんです。東京をちょっと俯瞰的に見たいという個人的な考え方もあって、あえて幕張に本社を置きました」（スタートトゥデイ）

社員の8割が、幕張の周辺に住んでいるのだそうです。そのあたりになると、同じ広さのマンションが都内よりも安く借りることができるといいます。物価水準も低いから住みやすい。同じ給料をもらっていても、まったく生活レベルが変わった、という声がよく社員から聞こえてくるそうです。

おまけに会社は、「幕張手当」という地域手当を出していて、本社の近くに住めば月額5万円の手当が出ます。住宅費がほとんどかからないという社員もいるそうです。

こうすることによって、可処分所得は確実に上がります。結果的に給料が上がったのと同じです。

「当社は社内恋愛も推奨していまして、カップルで同棲を始めることもあります。でも、それも認めて一人ずつに5万円の手当が出ますから、一緒に住めば10万円。幕張近辺で10万円の家賃といえば、2LDKに住めます。意外に優雅な暮らしをしている社員は少なくないですよ」（同）

高い家賃を払って都心に住み、ラッシュに揉まれて会社に通い、へとへとになって帰ってくる。遊ぼうにも、生活コストが高いから遊ぶお金がほとんど残らない。時間のゆとりもない。都市部に会社がある今のようなスタイルが、本当にまっとうといえるのか、よくよく考えてみてほしいと思うのです。

ステータスよりも、社員の生活の充実を考える

かつては都市部で働かなければ給与も安い、というイメージがありました。しかし、ちょっと外れたところで、いい環境で働ける会社があるのであれば、そっちのほうが実は充実している、ということもありえるということです。

一方でセールスフォース・ドットコムのように、**あえてサンフランシスコのダウンタウンに本社を置いて、街からインスパイアを受けてほしい、仕事にもそれを生かしてほしい、という会社もあります。**こうしたはっきりした理由があれば、それも戦略であり選択です。何をやっているか、何にインスパイアされてほしいのか、という違いです。

しかし、大した理由もなく、深く考えもしないで都市部にオフィスを構えているとするなら、むしろ通う社員にとってはデメリットのほうが大きくなってしまう可能性もあるのです。

ちなみにチームラボのオフィスは文京区にあります。当初、創業者の母校である東京大学

に近いから文京区にしているのかと思ったら、理由はオフィス賃料が安いから、でした。近隣に暮らす社員の生活費も安くなる。自然と遊ぶエリアも近辺になって、遊ぶコストも安くなっていく。言ってみれば、企業としてのステータスよりも、社員の生活の充実を考えている、といえるのかもしれません。

新興企業は、コストの高くないところにいたほうがいい。それは極めて合理的な考え方です。かつてはステータスを意識するようなこともありましたが、今はまったくそこには目が向かなくなってきている。

びっくりするようなお金のかかったオフィスを作っていたのは、もしかすると私のちょっと上の世代の経営者くらいまでかもしれません。最近の若い経営者はそんなことはしない。一見、かっこよく見えるオフィスも、一瞬良さそうに見えるだけで、実際に働いてみると堅苦しいオフィスで疲れてしまう、といった現実に気づくケースもあります。

リラックスできてクリエイティビティを存分に発揮できるかという視点が重要なのです。

これは先にも書きましたが、カヤックの本社は、鎌倉にあります。

「IT系では少ないと思います。でも、いいところなんです。サーファーが多いから、水着が中に干してある、なんて会社も多いですしね。夏はサンダルばきです。海の家が近いから、

そこでランチをしたり。そういうところに価値を置いている人が集まっている気がします。昼過ぎにちょっと海に行って、海風に当たりながらブレストしたり。この環境は最高だよね、っていう思いを持っている人は多いかもしれません。それも人生の価値じゃないですか」（カヤック）

実は、働く環境は極めて重要です。どんなにお金があっても、環境を買うことはできません。人間にできることは選ぶことだけです。そしてその選択肢が今、増えてきている。**どんな環境が自分に合っているのか。理想的なのか。**固定観念を取り除いて、考えてみることが大切な時代になってきているのです。

今や営業職もサテライトオフィスが可能に

オフィスは都市部にありながらも、違う環境でも働ける場を設けている、という会社もあります。徳島県の小さな村の古民家に、サテライトオフィス「神山ラボ」を設けているのが、Ｓａｎｓａｎです。７ＬＤＫという広々としたスペースをわずか数万円で借りているといいます。

「会社ができて2、3年して、エンジニアの様子を改めて見て、これではいけない、と思ったんです。満員電車に揺られてやってきて、壁に向かって十数時間も働いて、また帰っていく。これは、何かおかしいんじゃないかと。何か環境をうまく変えられないか。ただ、組織としての一体感も大事にしたい。自由にどこかに行っていい、とか、いきなり在宅でもいい、という感覚にはなれませんでした。そんなとき、徳島の神山で、山奥にWi-Fiが飛び交っているという話を聞きまして」（Sansan）

調べてみると、このエリアは街おこし的に、大規模なインターネットのネットワークを敷いていたのだそうです。ところがほとんど知られていなかった。現地に飛んでみると、縁あって古民家を借りないか、という話になりました。

「でも、社長が独断で決める話ではないと思って、会社に帰って、こんなサテライトオフィスなんてどうかな、行きたい人いるか、と聞いてみたら、思いの外、みんなが興味を持って、やりたい、と言うんです。それで、じゃあやろう、ということになった」（同）

2010年のことです。当初はサテライトオフィスなどという言葉はなく、順番に社員が行っていたそうですが、環境も次第に整備されて、今は常時6人くらいが行く体制になっているといいます。

コミュニケーションはスカイプを常時接続。ネットワークが提供されているため、通信費用はほとんど無料。当初こそ違和感があったものの、やってみるとスカイプにも慣れ、サテライトで離れていると東京と同じ仕事はできないのではないかという固定観念もあっさり壊れて、かなりのことができるとわかったそうです。

「ちょっと淡く期待していたのは、明らかに生産性が上がるんじゃないかということでしたが、そういうわけではありませんでした。でも、少なくともサテライトオフィスで仕事をすると、元気になってみんな東京に帰ってくるんです。しかも、東京にいたときよりも長く働いていたりするんですよね。職住一致ですから。それには驚きました。転地効果といいますが、環境が違うだけでこんなにも変わるのかと」(同)

サテライトオフィスに行くときには、2週間以上滞在するのが条件。温泉が近くにあり、そこが8時に終わってしまうので、6時には切り上げてご飯を食べに行き、温泉に入ってリフレッシュして、また仕事をする、ということが多いそうです。お昼にちょっとリフレッシュして、川に行って足をつけながら仕事をする、なんて社員もいるとか。

「最近では、家族利用があって、夏休みを使ってファミリーでお子さんも一緒に行く、なんてこともありました。もちろんお父さんは仕事。業務ですから。でも、家族で行ってくれたときはうれしかったです。仕事なんだけど、そんなふうにも使ってもらえるんだ、と思えて」（同）

最近では、**エンジニアのみならず、営業もこのサテライトオフィスに行っている**といいます。ITの会社だけに、営業のやり方も変えていこう、できるだけオンラインでやろう、ということであたらしいビジネスプロセスを構築中なのだそうです。

プロジェクトごとハワイやベトナムで行う「旅する支社」

サテライトオフィスというわけではありませんが、プロジェクトごと旅に出てしまう。そんな取り組み**「旅する支社」を導入しているのが、カヤック**です。ハワイに行ったり、イタリアに行ったり、ベトナムに行ったりして、現地でプロジェクトをこなすのが、「旅する支社」です。

「創業期からやっています。鎌倉にオフィスを持つことも早い段階で決めていましたし、せっかくインターネットのサービスをやっているなら、場所はどこでもいいだろうと思っていましたから。もともと学生時代から旅行が好きで、バックパッカーに近いところもあって、生き方として場所を問わないのはいいな、という思いが潜在的にあったんだと思います。この業界を選んだことも含めて」（カヤック）

候補地を決め、条件が出て人数を決め、社員に手を挙げてもらう。人数がオーバーした場合は、簡単なプレゼンテーションをしてもらい、役員が最終判断をする。人数に達しなかった場合は、全員が行ける。毎回、20人から40人ほどになるといいます。

「合宿のような形で、2週間くらい籠もって、ひとつのプロジェクトを仕上げます。土日は観光したりもしますが、それ以外は集中して開発をしていることが多いですね。楽しみのひ

とつはやっぱり食事で、そこにはこだわります。行く場所は、みんなで投票したりして、決めています」（同）

2012年は震災支援も兼ねて仙台に。仙台のエンジニアを集めて勉強会をして、仙台で東京の仕事に一緒に取り組んだそうです。ただ、旅をして現地で仕事をするだけではなくて、うまく東京と仙台をつなぐようなことをしたかったと語っていました。

「ただ働く場所を変えるだけだったんですが、今後は現地ともっとコラボレーションができるようになればいいな、と考えています」（同）

これは、Sansanのサテライトオフィスもそうですが、場所を変えることで必ずしも生産性が上がるわけではないのだそうです。しかし、社員が元気になったり、モチベーションが上がったり、健康度が上がったりする。

それは、社員の満足度の向上を生むし、新鮮な気持ちを生む。結果的には、クリエイティブないいスパイラルを生んでいるのではないかと思います。

一方で海外では、勤務地そのものを思いも寄らない場所にしてしまう、というケースもあるようです。

「クルーズシップに住んでいて、海の上を移動しながら海上でカスタマーサポートの仕事をしている社員がいます。メール対応なので、無線でインターネットにつなぐことができれば、どこでも仕事ができるんですね。また、ヨーロッパでマーケティングを担当している女性は、南フランスに住んでいて、その家からヨーロッパとアジアのPRをやっています」（エバーノート）

通信環境が進化したことで、いろいろなことができるようになっているのが、今です。どこかに固定したオフィスがあって、そこに強制的に出社させられる、ということそのものが過去の常識になってしまう。そんなことも、いずれはあるのかもしれません。

部署ごとにオフィス環境を変えている大企業

アメリカでの取材で、最も会社っぽくないオフィスは、インストラクタブルズのオフィスでした。まるでおもちゃ箱をひっくり返したようなオフィス。なんとも楽しそうで、小さくて、とても仕事をするような環境とは思えませんでしたが、オフィスなのです。

取材では、社員が会社に来たくなるような環境を作ることが社長の仕事だ、と言われていました。モノづくりに興味を持っている社員が多いから、モノづくりに関する環境づくりにも力を入れていました。3Dプリンタのような、高価で、個人ではなかなか持てないようなものをいっぱいオフィスに置いていました。

社員が来たくなるようなオフィスを作り、いい仕事ができるツールが揃っていれば、社員はオフィスにやってきて、仕事に向かってくれる、ということです。

オフィスにこだわりを見せていたのは、インストラクタブルズのような小さな会社だけではありませんでした。ネットアップでは、社員のプロダクティビティやコラボレーション力を上げるために、部署ごとにオフィス環境をすべて変えて作っていました。

「それぞれの部署で、こんなものを置いてほしい、こんな空間にしてほしい、といういろんな要請が上がってきます。エンジニアはキュービクルのプライバシーがあるようにしてほしい、という声もあれば、逆にもっとオープンな空間にしてほしいと要望する部署もあります。そうした声を、一つひとつ聞いていって、チームの要望通りに空間を作っています」（ネッ

トアップ）

日本ではちょっと考えにくいかもしれません。一人ひとりが成果を挙げやすいよう、会社がオフィス環境の整備にここまでこだわっているのです。それぞれの部署が求める要望通りにオフィスを作るというわけです。

人を本気で大事にする、という気持ちがなければ、ここまではできないでしょう。実際に、投資も普通のオフィスを作るよりもコストはかかるかもしれません。しかし、コストはかかるけれども生産性の上がる投資であって、働くことがストレスになるオフィスではだめだということです。オフィスというのは一番長くいる場所なので、単に高い家具とかかっこいいオフィスが必要なのではなく、クリエイティビティが上がったり、コラボレーションしやすいオフィスを作るような時代になってきているのです。そしてそれが、社員に高く支持されているのです。

伝統的なオフィスで本当にテンションが上がるのか

日本での取材では、チームラボの猪子社長のこの言葉がかなり鮮烈に印象に残っています。

「日本の会社の一般的なオフィスは、どうしてああいうデザインになっているのかに興味があるんです。人は環境によって、大きくテンションが変わります。例えば、美術館に行くと、何となくしゃべらなくなる。自分の興味があるものがちりばめられたお洒落なカフェには、わざわざ遠くからでも行く。空間というのは、ものすごく大事なんです。では、日本のあのオフィスで、本当にテンションを上げて仕事ができるんでしょうか」（チームラボ）

これは極めてシンプルながら核心を突いた疑問だと思いました。環境は人を変えます。見晴らしのいい山に登れば気持ち良くなる。シャワーを浴びたらさっぱりする。環境によってテンションが変わるのであれば、テンションが上がるところを仕事場にしたほうがいい。そのほうが、いい仕事ができる可能性が高い。もっともな話だと思います。ところが、日本の会社はそこに極めて無頓着できてしまったのではないか、と思うのです。

「僕たちはこだわってオフィスを作っています。どうして他社もそうしないのか、不思議でなりません。そうしたほうが絶対に生産性は上がるし、クリエイティビティも上がる。実は僕は個人にはまったく興味がないんです。集団としての生産性、集団としてのクリエイティビティに関心がある。どういうオフィス環境だったら、それが上がるのかに、ものすごく興味があるんです」（同）

実際、**チームラボには、オフィスのデザインをしたり設計をしている部署があり、この部署がすべてオフィスの内装デザインを手がけています。**自社の経験を生かして、外部にオフィスデザインを提供するサービスも行っています。

初めてチームラボのオフィスを訪れた人は、まずその斬新さに驚かれるはずです。壁は黄色、オレンジなど暖色系の色があちこちに使われています。徹底的に働きやすさだったり、発想を豊かにするという視点で、オフィスが研究されていました。既製のものを使うのではなく、いかに自分たちで考えて、いい環境を作っていくのか、ということを大切に考えている。

「趣味の話ではなくて、合理的な話なんです。黄色の壁にしているのは、黄色やオレンジな

どの暖色のほうが、話しやすくなるから。気軽な雰囲気が作れるんです。だから、わざと壁を黄色にしている。真っ白やブルーだと、話しにくくなります。会議スペースも暖色ベースですし、社員が働く壁は赤やオレンジで色をわざと多くしています。これは刺激を多く与えて活性化するためです」(同)

しかし、なるほど合理的だと思ったのは、社員が席に座ると、多くの色は目に入らないのです。ところが席から立つと、色が一気に目に入る。つまり、席に座っていると落ち着いて仕事ができて、立ち上がって移動するときに、刺激を受けられるようにしてあるのです。

壁をなくし、他人に見られていると倫理的になる

壁は白、カーペットの色はグレー。オフィスといえば、そういう固定観念が日本にはあるような気がします。そしてデスクや引き出しもグレー系の色で統一されている。全体的にねずみ色の暗い感じのオフィスが、日本のほとんどの仕事環境ではないかと思うのです。

もしかすると、これが逆に固定観念を植え付けている元凶の可能性もあるのではないか、

と感じました。例えば、今回取材に行った会社のほとんどが、オフィスのデスクや什器などを、自分たちのオリジナルで作っていました。

高価な家具を買っているというわけでもないのです。独自性のあるものを自分たちで作っていたのです。

また、オフィス設計にも、自分たちなりの強いこだわりを持っていました。いわゆる一般的なオフィスにはなっていなかったのです。

一般的なオフィスレイアウトにして、既製の規格品の什器や備品を揃えた瞬間、もしかすると、それらが持つ型のようなものにはまってしまうのではないかと思いました。既製の規格品の発想のままになってしまう。部長がいて、課長がいて、というヒエラルキーがそのままできてしまう。先にも書いたように、環境は人を変えるのです。古い発想のままの状況を生み出してしまうということです。

そんなオフィスを作っていたら、何か違うものが生まれていくことは考えにくい。クリエイティブな仕事ができるようになるとも思いにくい。快適で、心地よくて、楽しくて、大いに成果を発揮できるような環境にはなりにくいと思うのです。

そしてチームラボではもうひとつ、大きな特徴として、フロアに壁がほとんどありませんでした。

「子どもは自分の部屋を作らないほうがいい、って知っていますか。そのほうが、成績が上がるんです。リビングで勉強させたほうがいい。個室みたいな概念って、実はまったく合理性がないんです。つまり、壁は作るべきではないということ。残念ながら技術的な問題で、音が入るとスカイプが使えないので、一部の会議室だけは壁があるんですが。これは早くなんとかしてほしいんです（笑）」（チームラボ）

実際、**スカイプを使う会議室以外は、まったく壁がありません。会議室にも壁がない**のです。私たちが取材をしているすぐ横で、採用の面接が行われたのには、びっくりしました。

「会議室なんて、壁がある理由がわからないです。そんなものはいらない。情報は、どんどん漏れたほうがいいんです。互いに漏れ合っているほうが、面白くなる。例えば、プロジェクトチームがミーティングをしている。参加者はいろんな漏れた音に刺激を受けながらアイディアを出せる。逆にミーティングの中で出てきた言葉に引っかかって、通りかかった誰かが意見を出すかもしれない。そのほうが面白い。実際、こうやって本田さんに取材を受けていますけど、僕が本田さんにじっと集中しているのかというと、人間そんなことはない（笑）。いろんなことを考えている。それが、他のプロジェクトにも役に立てるかもしれないわけで

す」（同）

実際、取材の最中にオフィスデザインを担当するメンバーが通りかかって、取材に加わる場面がありました。まさにこれこそ、壁がなかったがゆえ、のことだったのではないかと思います。

そしてこうも言っていました。**他人に常に見られていると、倫理観が保たれる、**と。ルールがほとんどない中でも、それが大きな抑止力になる、というわけです。**壁のないオフィスは、ピアプレッシャーももたらしてくれる**ということです。

最もクリエイティブになれるデスクセッティング

イノベーションやクリエイティブを何が促進するのか研究しているスタンフォード大学のd.schoolでも、場の作り方について、極めて興味深い話を聞きました。メインの教室を見てびっくりしたのですが、**既存の教室のようなセッティングが何もされていないのです。**

「大事なことは、フレキシブルにいろんなことができることです。チームごとにテーブルを持ってきてディスカッションをしてもいい。ホワイトボードを使ってもいい。すべて簡単に動かせるようになっている。常にリセットできて、違うセッティングができるようになっているんです」（d.school）

しかも面白かったのは、誰かがリーダーで前のほうに立ったりしないということ。

「もうひとつ大切なのは、ヒエラルキーがないことなんです。誰か一人がエキスパートで、あとは、そのエキスパートから教えてもらっている、といった関係では大胆なことはできません。誰か一人が立っていて、みんなが座っている状況は作らないということです。そうすることで、みんなが参加をしているという空間ができる」（同）

これはたしかにそうだと思いました。誰かがリーダーのような形で語っていると、その意見が中心になっていく。そうすると、みんなはその人に依存し始めてしまう。

これでは、みんながオーナーシップを持っているチームにはならない。だから、あえてヒエラルキーは作らないというのです。誰かがヒエラルキーになった瞬間、周りはこれでいい、ということになってしまう。固定化されてしまう。リーダーを作らない、ということではないのです。リーダーを流動的にするということです。

もうひとつ、これも大いに共感したことですが、**机がかなり高く、椅子も高い。ハイチェアというか、かなり高い位置の机や椅子が使われていました。**

それこそ実は私は、ミーティングは立ってやってもいいくらいだとずっと思っていました。そのほうが、エネルギーが出る気がするからです。実際に私のオフィスには8人くらいが立って会話しながら取り囲める特注のテーブルがあります。座るよりも立って話す、もっというと高い位置でコミュニケーションをしたほうが、活性化する気がするのです。

さらに、d.schoolでは、複数でディスカッションする際のテーブルにも工夫がありました。例えば4人掛けのテーブルも、全員のパソコンは置けない大きさになっているのです。

「テーブルの大きさも意図的にこの大きさにしています。4人のラップトップパソコンをここで広げようとしたら、邪魔になる。これは、パソコンなんて見ていないで、みんなで本当に話し合いをしてほしいということです」（同）

最先端の環境を研究している場ですから当然、パソコンをみんなが見てディスカッションをしているのかと思えば、違いました。**代わりに、ホワイトボードが必ず置かれる**そうです。考えたことは、ホワイトボードに書いて、視覚的に考えながら議論を進めるのです。ビジュアライズすることで、みんなが参加できるし、もっといいアイディアも出てくる。

みんなが頭の中に浮かんだアイディアを口頭で交換しあっても、実はわかった気になっているだけ。ビジュアライズしていくことで、お互いが理解できる。そして持っているものを、すべて吐き出す。それぞれがパソコンに向き合うのではなく、みんなでホワイトボードを見ながら、あたらしい解決策やソリューションを考えることが、クリエイティビティにつながるというのです。

パーテーションのオフィスはすでに時代遅れ

私が社会人になった1990年代が特にそうでしたが、一時オフィス環境としてパーテーションで個人のスペースを仕切ったものが流行しました。しかし、何かあたらしいものを生み出していくという仕事では、このオフィス環境では難しいのではないか、と私は感じていました。

ルーティンの仕事や、ある程度決まったものを遂行し続ける仕事であれば、静かで閉じた環境のもとでできることは効果的だったかもしれません。しかし、**今求められているのは、チームでコラボレーションをすること**です。そうやって**何かを生み出していくという仕事スタイルの場合は、パーテーションはそぐわない**のです。

実際に今回、取材に行った会社でパーテーションがあった会社は3社しかありませんでした。むしろ、パーテーションは作ってはいけない、と言っていた会社がほとんどでした。空間を閉じてしまうことで、社員同士のコミュニケーションが減り、日常的なコラボレーションのチャンスを失わせてしまうリスクがあるからです。

「女性が多い会社ですから、社員同士のおしゃべりが盛ん。パーテーションなんか作ったら、何のためにそれが必要なのか、と聞かれるでしょうね。誰が上司だか部下だかわからない環境ですけど、それがいいんです。自然に社員同士が会話できることで、ネットワークができていく。そうすると、部署間の連絡もきちんと取れる。同じことをいくつもの組織がやってた、なんてことも防げる」（パタゴニア）

パーテーションどころか、オフィスに壁を作らない、という会社もありました。先にチームラボの例をご紹介しましたが、アメリカでも同じ発想の会社がありました。

「オフィスには仕切りがほとんどありません。個室がないんです。もともと銀行だった建物で、たくさん部屋があったんですが、すべての部屋をぶち抜いて、階段もぶち抜いて、大きな吹き抜けのあるオフィスを作りました。まったくのオープンです。スペースによってデザインを変えていまして、半分くらいはカジュアルにソファでリラックスできるようになっています。一方で、ちょっとフォーマルなミーティングができる場所もある。デスクもいろんな種類があって、立って働ける場所もあります」（エバーノート）

同様に一切の壁がないと語っていたのが、日本のディー・エル・イーです。社長室もなければ、部署の壁もない。これには、大きな理由があったと言います。

「エンターテインメント業界が今、特に苦しんでいるのは、セクショナリズムなんです。この部署はこういうことを考えているけれど、うちの部署は違う、みたいな。実は意外に発想の自由がなくなってきている。発想の自由を生み出すためにも、物理的な自由が必要だと考えました。僕たちの場合は３つのクロス〝クロスメディア〟〝クロスボーダー〟〝クロスイン

ダストリー〟を実現するために重要なのが、発想の自由なんです」（ディー・エル・イー）

業界を超えない発想というのは、もはや魅力がない、と語ります。業界だけで戦っている人があまりに多すぎる現状がある。他業界とのコラボレーションや、他業界との仕掛けなど、独自の付加価値を生み出すためにも、発想の自由は欠かせなくなっている。そのためにも、オフィスを変える必要があった、というのです。

驚くほど狭いデスクで社員を接近させている意味

d.schoolではパソコンをテーブルに置けないようにしている、と書きましたが、興味深いのは、ディー・エル・イーでもミーティングではパソコンを閉じろ、という考えを持っていること。**パソコンが発想の自由を妨げている**と語っていました。

「今は自分の知らない情報があると、パパッとパソコンで調べてしまうんですね。これは間違いなく便利なことなんですが、こうやって調べること自体が問題だと思っているんです」

（ディー・エル・イー）

例えば、アイディア出しをしているときに、池袋に面白い喫茶店があると聞いた、と誰かが言うと、その喫茶店を調べたがるそうです。調べた瞬間に、「ああ、こういう感じなのか、わかった、わかった」と、わかったような気になってしまうのだ、と。調べて答えがわかると、それで終わってしまう。

「そうではなくて、頭で妄想してほしいんです。どんな素敵な喫茶店なのか、どんなファンタジーなのか、どんな人が働いていて、どんな内装なのか。ところが、それをやらない。パソコンがあることで、イマジネーションがすごく小さくなってしまっていて、自由な発想を阻害されてしまう。だから、パソコンを離れたミーティングも大事にしています」（同）

d.schoolではミーティングテーブルを小さくしてパソコンを置けなくしていましたが、ディー・エル・イーでは**社員全員が仕事をしているデスク自体がとても小さなサイズでした。**横幅が普通のデスクよりも40㎝ほど狭いのです。

「香港の市場みたいに、隣との距離がめちゃくちゃ近いんです（笑）。こんなところにこんなに人数がいるのか、というくらい、オフィスはぐしゃっとしています。でも、そのぐしゃっと感を大事にしています。すごく狭くて、隣の声はダダ漏れで、超うるさい環境ですが、だからこそ、できる発想を大事にしています。一人では絶対にできない発想。一人では絶対にできない広がり感。そういうところから、面白いアイディアは出てくるんです」（同）

実際、**ちょっとした誰かの一言や馬鹿話のような話から、アイディアが始まることは少なくない、**と言います。そういうものをいろんな人間でわいわいやりながら、気がつくとビジネスになっていた、ということが少なくない、と。パーテーションの環境や、一人になれる環境、セクショナリズムは、それを阻害してしまうというわけです。

「狭い中で、ごちゃごちゃやって、みんなうるさいと、ヘッドフォンをしたがったりするんですけど、それもやめてほしいと伝えています。例えば僕が何かを褒めていたり、怒っていたり、隣の人が何か電話していたり、隣同士で会話していたり、そういうものも全部、聞いておいてほしい、と。余分な情報が大事なんです。余分な情報があるから、ここにいる意味がある。僕は、東京は余分な情報の宝庫だと思っています。そして世界で戦うには、その余

分な情報だらけの東京の強みを武器にするべきなんです」（同）

東京のごった煮感、とんがっている感、ファッションや食、溢れる情報…。世界に出て行くときには、そういうものこそが差別化を生む。だから、情報を浴びるように受けたり、外を見たり、音を聞かなかったりすれば、ものすごくもったいない、というわけです。

偶然のすれ違い、会話から、何かが生まれる

偶然から何かが生まれる。だから、あえて**社員が通る廊下を狭くして、社員同士が近づいたり、コミュニケーションを交わす機会を増やすようにしている、**と語っていたのは、IDEOでした。似た発想を持っていたのが、日本のチームラボです。

「みんなが待っている場所を、とにかく合わせろ、と言っています。例えば、プリンタが置いてあるところに、飲み物の自動販売機を置いていますし、タイムカードも置いています。そこには、ソファもあるんです。プリンタも自動販売機もタイムカードも、ちょっと待った

り止まったりする場所。それをわざわざ集めています」(チームラボ)

社員同士が偶然のコラボレーションに出会えるチャンスを増やそうと、わざわざそういう場を作っているのです。ちょっとした会話が何かを生み出したり、お互いに刺激を与えたり。それを意図している。きっかけは、タバコ部屋だったのだそうです。

「タバコを吸うので、タバコ部屋を使いますが、タバコ部屋ってすごくいいんですよ。とにかくいい。どうしていいんだろうと考えてみたら、手持ちぶさたなんです。とはいえ、タバコを吸うという別の目的がある。なので、隣にいる人と、ついついしゃべってしまう。社内なら仕事の話をしてしまう。無理やり共通の話を引き出したりして。すると、それが自分の課題のヒントになったりして。しょうがなく話すんです。それがいいんです」(同)

だから、社内で待たないといけないものを集めたスペースを作ったのだそうです。そうすれば、なんとなく、社員同士がつながれる。そこから、アイディアが生まれたり、課題解決のヒントがつかめるのではないか、と。

「自分自身が一人で何かを考える瞬間って、ほぼないんです。対話によってしか考えないし、一緒に誰かと考える。もう10年間くらい、オフィス内で一人で考えたことなんてないですね。環境と集団がアイディアを生み出しているんです。自分も集団の一部として、考えやすい環境や集団が機能しやすいような取り組みをしています」（同）

そういえば、チームラボにはユニークなテーブルがありました。**打ち合わせテーブルの上には大きな紙が何枚も敷かれているのです。そこに、打ち合わせ中の社員がせっせとメモをしている。「メモデスク」**。ミーティングが終わったら、大きな紙ごとはがしていく。これは独自で開発したテーブルをみんなで書き込む紙のホワイトボードにしてしまおう、という発想です。

偶然が何かを生む、ということまで戦略的に考えていたかどうかわかりませんが、あたらしい働き方の先駆的存在であるパタゴニアにも、たくさんの社員が三々五々集まってくるスペースがありました。カフェテリアです。取材では、もしかしたら社内で一番大切な場所かもしれない、と言われていました。

ハウスクリーニングを、会社が代行してくれる

働く環境という点では、これまで福利厚生も重要な要素として考えられてきました。しかし、福利厚生においても、あたらしい働き方に挑んでいる会社はここまでやっているのか、と驚かされることになりました。例えば、**エバーノートでは、会社が費用を出して、ハウスクリーニングをしてくれる**というのです。

「2週間に一度、専門の業者に家の掃除をしてもらうことができます。目的は、従業員の生活上のストレスを会社が軽減することで、もっとストレスなく働けるようにしてあげることです。予約を入れて鍵を渡しておけば、掃除に来る人と顔を合わせることもありません。家の掃除のことを考えなくていい分、私的なストレスを持ち込まず、より楽しく仕事をすることができます」（エバーノート）

生活上のストレスを軽減するという点では、大きな効果がある、と語っていました。しかも、ハウスクリーニングとなれば、従業員本人のみならず、家族もうれしい思いをすること

になる。家族もエバーノートのファンになり、家族とも会社はいい関係を築けるといいます。

「しかし、これは他社に勤めているエンジニアたちを魅了しようと思っているわけではなく、エバーノートにいるエンジニアたちに、ハッピーで、プロダクティブになってもらうための仕組みなんです」（同）

勘違いをしてはいけないのは、**目的はあくまで時間の節約とストレスの軽減**だということです。それによって、仕事をよりクリエイティブにし、仕事の効率化を図ること。単に、従業員にラクをさせるためにやっているわけではありません。ですから、こうした従業員のためのコンシェルジュサービスはほかにもありますが、こうしたサービスを目的に会社を選んでも意味はないといえます。

一方で、**仕事をとことん楽しみたい、あたらしい時代の〝モーレツ社員〟には、極めてうれしい制度**といえると思います。単に気合だけでとにかくガンガン働け、という軍隊式のチームではなく、会社や仲間がさまざまなバックアップをしてくれて、楽しんでいい仕事ができる時代になっているのです。

無駄で豪華な保養所をつくっていくという昔の福利厚生の考え方とは違い、無駄なストレスをいかにして会社が取り除いてあげるか。そのかわり仕事にいかにして集中してもらえるか、という視点なのです。

社員の家まで迎えに来てくれるシャトルバスが走る

エバーノートのコンシェルジュサービスは、ハウスクリーニングだけにとどまりません。例えば、**電気自動車の購入やリースには補助金が出ます。**

「本社の近辺は、完全なEVを持っていると、カープールレーンを走ることができます。したがって、通勤の時間帯もラッシュに巻き込まれることなく、スイスイ走ることができるんです。例えば、日産のリーフであれば、月々のリース代は、補助金でほとんどカバーされますから、従業員にとっては、まったくタダになるといってもいい」（エバーノート）

この制度が導入されたのは、取材した時点の1カ月半前だったそうですが、すでに20台のリーフが駐車場に停まっていました（2013年4月現在、27台のリーフ、11台のGMボルト、2台のプリウスプラグイン、2台のフォードフォーカス、1台のテスラが停まっているそうです)。エバーノートの本社は、サンフランシスコにありますが、EVのリースは、従業員の家族からも大きな反響があるそうです。

また、従業員の中には自分の車での通勤を好まない人もいます。そこでエバーノートでは、通勤用のバスを走らせているのですが、これが魅力的なのです。

「電源がついていて、Wi-Fiが完備されていて、コーヒー、ペストリーなど朝食を取ることもできます。もちろんすべて無料です。バスはサンフランシスコ市内で何カ所か止まって社員を拾っていくので、そのためオフィスまで45分から1時間くらいかかっているのがネックです。時間短縮のためにも、今後は台数を増やすことを考えています」(同)

これ以外にも、サンフランシスコには、カルトレインという電車が走っており、その定期券を無料で配布しているそうです。さらに、電車の駅まで乗っていくことができる社名入りのセンスのいい自転車があるそうで、みんな楽しんで乗っていると語っていました。

どこに住んでいても、気持ち良く出勤できるようにしているとのこと。これも、いい仕事をするために、重要なサポートだといえます。

「サンフランシスコは、非常にコンペティティブなエリアです。ほかには、もっとたくさん給料を出して、もっとハイクオリティな仕事をさせるところもある。給料面も含めて、競争性をしっかり持っていないといけないと考えています」（同）

コンシェルジュサービスの充実ぶりが印象に残ったのは、もう1社、ネットアップがあります。大企業ですが、さまざまな取り組みをしていました。

「ドライクリーニングは社内で引き受けています。また、車のオイルチェンジが必要であれば、会社で行うことができるようにしています。さらに、社内でファーマーズマーケットを実施したりもしています。仲間たちとゲームを楽しんだりする場もある。従業員が楽しい思いをするというのは、仕事を真面目にやっていないということではまったくありません。そうではなくて、会社に来るのが楽しいということは、とても大事なことだと考えています」（ネットアップ）

そしてネットアップでも言われていました。**従業員が一生懸命、仕事に没頭できるよう、会社の文化は作られていくべきだ**、と。

食事を圧倒的においしくしている理由、タダの理由

グーグルが有名になった理由はさまざまにあると思いますが、**本当においしい食事が無料で自由に食べられる、というコンシェルジュサービス**も、日本人を驚かせたのではないかと思います。

実際、日本人の感覚からすれば、「これが社員食堂なのか」というレベルの料理が無料で出されています。いい素材の料理が、本当においしく、バリエーション広く食べられる。エンジニアには、これは極めて大きな魅力に映ったようです。

充実した食事を提供するというコンシェルジュサービスは、シリコンバレーはもちろん、各方面に広がっていきました。アメリカでは、多くの会社が力を入れています。

「ランチはもちろんフリーで、毎日違うものが提供されます。インド料理、ケイジャン料理、寿司など。『水曜の寿司』には特に力を入れていて、最近ではシリコンバレーの名物になっています。朝8時から準備しているメニューもありますし、金曜日の4時からはビールも用意されます。クラッカーやチーズもあって、みんなで楽しくワイワイと騒げるようになって

います」（エバーノート）

ネットアップでも、フルサービスのレストランがあると強調されていました。また、有料ですが、こだわりの料理が出されているのが、パタゴニアです。

「サラダは地元のオーガニックの野菜を使うなど、とても健康に気をつかっています。おいしいですよ。今度はぜひ、お昼の時間に来てください（笑）」（パタゴニア）

では、どうしてコンシェルジュサービスとしての食事にこだわるのか。もちろん、従業員においしいものを食べてもらって、仕事に向かえる環境を作っている、ということが挙げられますが、特に食事が無料という会社は、きちんと意味があるようです。

有料にすれば、精算の際にどうしてもレジに行列ができてしまいます。この並んでいる時間が、極めてもったいない、という判断もそのひとつ。これは、従業員側、そして会社側にとっても、です。

実際、外に行って、食べて、帰ってきて、という時間を考えると、1時間はかかる。もし、社内で無料で提供したとすれば、その時間も従業員は会社にいられる。それだけ従業員がゆっくりできたり、仕事に向かえる時間が増える可能性があるということ。

そしてもうひとつは、何よりおかしなものを食べていては、体調もよくならないということです。精神的にも豊かでなくなってしまう。食べるということは、実はものすごく大事なことですから。ヘルシーなライフスタイルをサポートするということでもあるのです。

クライテリア⑥ カルチャー

カルチャー　↓強い・あまりない
ダイバーシティ　↓強い・弱い
競争環境　↓強い・低い
社員　↓まじめ・サークル的
社員レベル　↓高・低
社内雰囲気　↓楽しそう／遊び・プロ
ヒエラルキー　↓あり・なし
服装　↓自由・スーツなどある程度フォーマル

研修で合わないと感じたなら、40万円払うので退職を

顧客が期待する以上の接客対応をすることで、顧客が感動する…。そんなサービスを次々に巻き起こすことで世界的に知られるようになったのが、ザッポス。全米から素晴らしい会社だと賞賛され、創業者が書いた書籍がベストセラーになったりして、ハッピーな働き方ができる面白い会社だという印象を持つ人も少なくないかもしれません。

しかし、先にも書きましたが、だからこのザッポスの働き方がすべての人にとって素晴らしいのかというと、やっぱり違うと思うのです。ザッポスにフィットした人というのがやはりいて、フィットした人にとっては、ものすごくハッピーな働き方ができる。それは事実です。

「しかし、フィットしていない人にとってみると、ものすごく居心地が悪くて、居ても立ってもいられないほど辛い可能性もある」

では、何がそれを分けるのかといえば、ずばり**カルチャーが合うか、合わないか、**という

ことに尽きるのです。そしてこれを、ザッポスもよくわかっています。

「社員の採用にあたっては、50％はその人が持っているスキルを見ます。そしてもう50％は ザッポスのコアバリューに照らし合わせます。その人が持っている価値観が、ザッポスの持っている文化にどれだけフィットしているか。それによって選考が行われます。コアバリューは1から10までありますが、実際に自分自身が個人としてそれに合致するかどうか、というカルチャーフィットは入社後も確認が続きます。会社が持っているバリューと、自分の価値観が個人としても一致し続けるかどうかは極めて重要です」（ザッポス）

ザッポスの10のコアバリューには「サービスを通じて、WOW（驚嘆）を届けよう」「変化を受け入れ、その原動力となろう」「楽しさと、ちょっと変わったことをクリエイトしよう」「間違いを恐れず、創造的で、オープン・マインドでいこう」「成長と学びを追求しよう」といった言葉が並んでいます。

つまりは、こうしたザッポスの持つカルチャーに社員は染まらないといけない、ということです。正直、私自身は合わないと感じているのですが、それはザッポスのコアバリューが気に入らないということではまったくなくて、「こうだ」とみんなが同じ方向を向く同一性があまり得意ではないからです。

そしてザッポスで驚かされるのは、**もし、自分はザッポスに合いそうにない、と気がついたら、すぐにでも退職の道を選んでほしい、と言っていること**です。

「入社してトレーニングを受けているときでも、もしこれは合わない、ということになったら、退職の道を選択してほしいと考えています。そうしてもらえれば、４０００ドルを支払っています。最初は１００ドルだったのですが、２００ドル、３００ドルとだんだん増えていって、とうとう４０００ドルになりました。カルチャーに合致する人に入社してもらうということを、それだけシリアスに考えているんです。コアバリューに自分を合致させることができないと思ったなら、それだけのお金を払ってでも辞めていただきたいんです」（同）

合わないと思ったら、40万円払うので辞めてほしい、ということ。日本では、考えられないことだと思います。**カルチャーを守るということを、そのくらい大事にしているの**が、ザッポスという会社なのです。

社員の30％は内部の社員からの紹介による

ザッポスは、どうしてこうしたカルチャー重視の経営をしているのか。それはビジネスに理由があると私は感じています。インターネットの靴ショップであるザッポスでは、社員のうちの約4割はコールセンターで仕事をしています。副社長で採用する人材も、ここから仕事は始まるといいます。そして、ここでＷＯＷ的な感動エピソードが次々に生まれていくわけです。

しかし、多くの人にとってコールセンターの仕事は魅力的に映るでしょうか。時にクレームを言われたり、トラブル処理に追われたりもする。仕事のネガティブな面だけを見れば、社員はどんどん暗い方向に向かって、暗い会社になってしまいかねない。

そこで、カルチャーが重要になるのです。**強い団結意識、仲間意識を持たせ、コールセンターという仕事に誇りを与え、面白い仕事にしよう、とメッセージを発する。そうすることで、ポジティブな仕事に変えていく。**このポイントに、トニー・シェイという経営者は気づいたのだと思うのです。

しかし、それもインターネットの靴店だったから。高い利益率で、顧客のＷＯＷを作り出せる余裕が会社にあるから、できたことでもありました。

同じようにカルチャーを重視しているという印象を受けたのが、1万人以上の従業員を有するネットアップです。世界で毎年350人の新卒を採用していますが、彼らをカルチャーに染めていくのです。社内を歩いていると、〝ネットアップっぽい〟人ばかりの印象がありました。他の会社とはまったく違う雰囲気がある。いろんな自由度を感じた会社ですが、こうしたカルチャーに合わないとハッピーに働くのは難しいかもしれない、と思いました。

実際、ネットアップで話を聞いて、なるほど、と思いました。


「採用する人の30％は、内部の社員からの紹介によるものです。ですから、やってくる人は、最初からネットアップがどんな会社なのかをわかっている。また、ここで成功していくためにはどんなふうに仕事をしなければいけないのかということも、それなりにわかっています」（ネットアップ）

そして採用時には、先にも少し触れたように、**会社の持っているバリューと、個人のバリューを合わせられるかを見極める**と語っていました。カルチャーのキーワードとしては、エゴを捨てる、〝I〟でしゃべるのではなく〝WE〟でしゃべる、他人の視点もリスペクトする、透明性などが挙げられていました。

そして採用のプロセスでは、会社の6つのバリューに沿った質問をたくさん投げかける面接を行っているそうです。

バリューに合わない人には窮屈かもしれませんが、バリューに合う人には心地いい。そして自由度が高い。そういう会社もあるのです。

ここで伝えたいのは、これらの会社がよさそうだからと無理に自分を合わせていくと不幸になる、ということ。素顔の自分を理解して、合ったものを見つけることが大事です。この会社は有名だし、楽しそうな働き方を提供しているからいいなと、無理にカルチャーに合わせることは意味がない、ということなのです。

信頼に足る人材を採用しているので、自由でルールがなくても大丈夫

シリコンバレーの世界的なＩＴ企業では、社風は極めて自由でありながら、社員に仕事が委ねられていると、言われていますが、どうしてそんなことが可能になるのか。

それは、**採用の時点でかなりのスクリーニングが行われている**ためです。本当にこの会社

に入ってやっていけるのか、まったくルールもない自由な環境のもとで自発的に仕事に向かえるのか、仕事を自ら生み出していけるか。それが厳しく見られるのです。

この企業では相当な回数の面接が、いろいろな社員によって行われるそうです。そして、その中の一人でも「無理そうだ」という判断をしたら採用には至らない。

入り口が極めてハードルが高いのです。そうすることで、社内で好きにやってもいい、何のルールもない、という状況でも、おかしなことをする人間はいない、という組織が作れる。大変なプロセスを経て採用に至っているので、きちんと結果も出してくれる、と予想ができる。

ですから、この企業の実践している制度が素晴らしいと、上っ面だけ真似ようとしても、まずうまくいかない、ということです。社員のセルフマネジメント能力や基礎的な能力がないと、メチャクチャになってしまいかねないのです。

逆に、**採用時点で信頼に足る人材を採用できているから、自由にすることでクリエイティビティを発揮してもらえる。**いい結果を生み出してもらえる。自由が、本人たちが持っている力を引き出す原動力になるのです。

会社によって、カルチャーは驚くほど違う

カルチャーは、会社によって本当にさまざまなものがあります。そしてさまざまなところに、カルチャーが顔を出します。

スタートトゥデイには、実は私は、上場直後にも一度、取材に行ったことがありました。関心を持ったのは、**社員がすれ違うときにみんな、さわやかに挨拶をしてくれること**でした。これが、ものすごく自然体なのです。かつて営業をしていたとき、訪問すると１００人くらいの社員が全員立ち上がって「いらっしゃいませ」と挨拶をしてくれる会社がありました。圧倒されましたが、無理があるな、という思いを持たざるを得ませんでした。やらされ感があるのです。

しかし、スタートトゥデイは違いました。誰かに指示されたわけではない。自然に出てきているのです。

「働くということはどういうことなのか、みんなわかっているのだと思います。ユルイ気持ちで働いていていない。ただ、お金をもらうために働いているような人もいない。自分の働きで

人を幸せにしたい、というところでみんなつながっているんだと思うんですね。基本的に人として素敵に生きたい、かっこよくありたいと考えているのではないでしょうか。だから、目が合えば自然に挨拶する。挨拶くらいスマートにしようぜ、というのが、みんなの中にあるのではないかと思います」（スタートトゥデイ）

採用される人材の共通点も、自然体の人が多いのだそうです。自然体で生きたい、という人たちが集まっている。

一方、顧客志向で、かつチームワークを強く意識している、という会社もありました。

「チームスピリットはものすごく強いですね。お客さまのために、というところでまとまる。結局、営業も必要だし、エンジニアも必要だし、いろんな部隊が揃って、ようやくソリューションは実現するわけです。だから、この会社はチームだ、と日本でもよく言いますね。ITの世界では、一度の受注で数十億円を売り上げた営業マンが、コミッションを数千万円もらって、その後1年間何もしない、なんて会社もありますが、ここではまったくそんなことはない。でも、それが組織を健全にしている理由だと思います」（セールスフォース・ドットコム・ジャパン　執行役員　人事本部長　石井早苗氏）

さらに、こんな言葉が経営トップの口から出てくる会社も。

「とにかく優秀な人材が来てくれればいい。インターンシップは日当が出ますが、極論、はじめは日当目当てです、でもかまわないですよ。私たちとしては、とにかく優秀かどうかを、徹底的に見極めたいんです」（ワークスアプリケーションズ）

これもまた、カルチャーです。

他の世界を見てくることで、視野が広がる

仕事にクリエイティビティが求められる時代。クリエイティビティをもたらす要素は、さまざまにありますが、そのひとつが、どれだけ社内に多様性を担保できるか、だと思います。先に、社内でコラボレーションが巻き起こる場をいかに作るか、という話をしましたが、**自分とは異質の存在といかに交わるかは、企業にとっても、いい仕事をしようとする個人にとっても、極めて大切**なのです。

イノベーションやクリエイティブを何が促すのかを研究しているスタンフォード大学のd.schoolでも、**根幹となる重要な視点はダイバーシティの徹底**でした。集まってくる学生は、学部も学科も専攻もバラバラ。教員もいろいろなところから集まってきている。**こうした多様性が、これまでにないあたらしいイノベーティブな研究を可能にしている**のです。

その意味では、社員が多様である、ということも重要なこと。「旅する支社」で、世界中に旅をしながらプロジェクトを推し進めるという取り組みをしているカヤックですが、約2割は外国人社員。約10の国から来ているそうです。

「新卒採用は国内と外国とあまり分け隔てなくやっています。結果的に優秀なエンジニアがアジアにたくさんいて、自然に増えることになりました。それ以外には〝ギットハブ〟というサービスがありまして、日本で働きたい尖ったエンジニアに航空チケットを出すので3カ月腕試しに来ませんか、というものです。ダメなら、帰国してもらってもいい、ということで、中にはとりあえず旅行に来たかった、なんて外国人が来てしまったこともあったんですが（笑）」（カヤック）

いつもと異なる刺激を得ることも、重要です。Ｐｌａｎ・Ｄｏ・Ｓｅｅが、幹部を海外に送り込んだり、60人もの規模で海外研修に社員を出しているという話はすでに書きましたが、それ以外にも他の世界を見てあたらしい体験をすることを推奨しているそうです。

「国内のレストランに食べにいくと、簡単なレポートを書くことが条件ですが、半額が会社負担になります。ホテルへの宿泊であれば、ホテルに泊まったら3万円を上限に補助があります。あとは、芸術です。ミュージカル、美術館、歌舞伎、能など、どんどん文化を味わってきてほしい、と伝えています。若い社員が多いですから、こうした文化的な感性は圧倒的に足りない。刺激を受けて、鍛えていく必要があると考えています」（Ｐｌａｎ・Ｄｏ・Ｓｅｅ）

こういった投資は会社の資産になっていきます。昔は、設備投資型のビジネスが多かったので設備投資が中心でしたが、今はより人に対する投資が重要になってきています。**設備投資として考えれば、人への投資は安い投資**と言えるのです。

他部署のメンバーと3人以内で飲んだら補助が出る

あたらしい働き方を意識している会社は、ダイバーシティやあたらしい刺激に強い関心を持っている。そんな印象を持っています。同じ見方ばかりしていたら、どうしても発想が硬直化してくる。組織のセクショナリズムは事業を歪めかねない。それほど規模が大きくないにもかかわらず、さまざまな取り組みが進められていました。

Ｓａｎｓａｎは、この点でもユニークな制度を持っていました。それが**「ｋｎｏｗ ｍｅ（のーみー）」。社員が飲み会に行ったら補助をするという制度**ですが、面白いのは補助が出るには条件がついていること。

「異なる部署のメンバー同士であること。そして人数が３人以内であることとです」（Ｓａｎｓａｎ）

同じ部署ではなく、他の部署を意識させるのは、とても大事なこと。ＩＤＥＯやチームラボは、あえてそういう接触が起こりそうな場をオフィスの中に作っていたわけですが、やはり違うものを組み合わせることによって何かを生み出すことが、これからの時代は重要になってくるからです。

同じような環境にいる人たちが、同じようなことを考えていても、なかなか前には進んでいかない。見えてくるものが変わらないからです。

実は、私自身、会社員時代には勤めている会社の同僚と飲みに行くことはほとんどありませんでした。そうではなくて、できるだけ他の会社の人と飲みに行っていました。むしろ会社を辞めてから、かつて勤めていた会社の同僚と飲みに行くことが多くなりました。

直感的にやっていたことでしたが、結果的にはとても良かったと思っています。会社の仲間と飲みに行っても、あたらしい発見はないし、ともすれば愚痴を言う会にもなりかねない。ところが、他の会社の人たちと飲みに行けば、違う情報が得られるし、違う視点から物事を見られる。何より実感したのは、**他の会社の人たちとコミュニケーションをすることで、自分の会社の良さが見えてきたこと**です。

また、自分が会社の中で頑張っていると思っていたとしても、他の会社にはもっと頑張っている人間がいたりする。外の世界を見ようとしなければ、そういうことはまったくわからないわけです。井の中の蛙になりかねない。さらに違う環境と触れあうと、自分がやっていることが意外に面白い方法論にもつながることに気づけたりする。

Ｓａｎｓａｎがやっているのは、社内でそういう環境を作り出すサポートをしようということ。似た環境や能力を持つ人間ばかりを集めず、違う環境や能力を持つ人間ばかりを集める。それは、自分の能力を高める上でも大いにプラスになると思います。

空いた時間をどのくらい有効に使えるか

ちなみにＳａｎｓａｎでは、「Ｋｎｏｗ ｍｅ行かない？」という言葉が、日常で普通に使われるそうです。先にも少し書きましたが、これは、ユニークなネーミングがあってこそ、だといいます。

「ネーミングは重要です。マジメにそれを浸透させよう、社員に使ってもらおうと思ったら、面白くしないと。Ｋｎｏｗ ｍｅは社内で大ヒットしていますが、これがもし飲み会補助制度という名前だったら、誰も使わないと思います。あたらしい課題に対して制度が思い浮かんだときに、ネーミングを重視することは戦略的に必要です。ユニークな名前がないとうまくいかないというくらい、ネーミングは重要です」（Ｓａｎｓａｎ）

先にも紹介した、「イエーイ」「どに〜ちょ」などのネーミングも、あえて面白くしています。ユニークなネーミングをしていることにも、戦略的な理由があるのです。

戦略的な理由という意味では、朝9時から午後3時までという1日6時間の労働を実現させたスタートトゥデイも、空いた時間をだらだら過ごすために、短時間労働を実現させたわけでは決してないはずです。

午後3時に仕事が終わって、家に帰って寝ていたり、ゲームで遊んでいることを会社は期待しているわけではありません。その時間を、有意義に使ってほしい、ということ。家族と豊かな時間を過ごしたり、あるいは自分を高めるための時間にしたり。

たくさんの本を読む、何か勉強を始める、スクールに通う、というのも、ひとつの選択肢でしょう。時間的な余裕を利用して、社外の人に積極的に会いに行く、ということもできる。こういうことは、間違いなく仕事に生きてくる。仕事のレベルを上げることにつながる。人間として豊かになれる。早く会社を離れるからこそ、できることがあるのです。

「若いんだから、夜中まで残業できる体力がある。1日15時間、20時間働いて、若いうちにいろんな経験をすることが大事だ、という若い人が実はいるんです。でも、そういう人は結局、会社内での勉強しかできないんですね。外からのインプットがなくなる。だから、もの

すごく凝り固まった人間になりがちなんです。そうじゃなくて、会社で勉強できることは6時間と割り切って、15時間、20時間学びたいなら、会社以外の勉強や経験をしたほうがいいと思っています。自分の会社で営業で寝袋で寝るのが美学だ、みたいになってしまうと、大きく間違える気がします」（スタートトゥデイ）

せっかく会社がノー残業デーをやってくれているのに、家にも帰りづらいし、行くところがないから、と会社の同僚と盛り場に向かってしまう人たちも少なくない、という話を聞いたことがあります。

結局、早く帰ることで空いた時間をどう使うか、自分でしっかり考えられる人でなければ、いくらこうした環境を手に入れられたとしても、生活も仕事も大して変わらなくなっていく可能性がある、ということです。

実は早く帰ることで生活を充実させたり、仕事や仕事人生を充実させたい、というプラスの感覚を持っている人でなければ、もしかしたらこうした働き方の会社は合わないのかもしれません。**自分の時間をうまく有効に使える人間になる必要がある、ということ。**逆にいえば、そういう人にとっては、自分に大きな刺激を与えられたり、豊かな暮らしを手に入れられる、素晴らしい環境を手にすることができる可能性があるのです。また、仕事に対しても、いい循環が生まれてくるのです。

優秀な同期がいるからこそ、ここで働きたい、という発想

一緒に働くことになる社員のレベルも、人によっては大きな選択のキーワードになるようです。実際、そのレベルの高さに惹かれて優秀な社員が集まってくるという会社もあります。

ワークスアプリケーションズでは、入社パスが出されて、仮に別の会社に入った後でも内定が生きているという話はすでにしましたが、ここで**動機のひとつになっているのが、一緒にインターンシップを過ごしたメンバーの優秀さ**なのだといいます。

インターンへの応募は、年間約4万人。そこから面接などを経て、2000人から3000人を受け入れています。つまり、インターンシップの時点で、相当なスクリーニングが行われているということ。

しかも先に書いたように、志望動機も問わないし、インターンシップに来る理由は日当が目当てでかまわない、と会社が断言している。

「学生は、本当の意味で業界のことや社会の構造をわかっているわけではない、ということは社会に出た人のほとんどが感じていることだと思います。にもかかわらず、あの業界がいい、この会社がいい、と決める。それは仕方がない。だから、それをひっくり返そうということではなくて、アルバイト感覚で来てみたら、というふうに声をかけています。結果的にすぐに入社しなくてもかまわないんです」（ワークスアプリケーションズ）

日当ももらえるし、ということでインターンシップにやってくると、4万人から選抜された学生たちが集められている。指標は、何度も書いているようにこの会社の場合は、優秀かどうか、ということですから、かなり優秀な学生たちが集まっているわけです。

「会社に対する魅力にも気づいてもらえるわけですが、一番大きいのは、あのインターンシップのときに出会った連中は本当に優秀だった、というこのときの記憶なんです。別の会社に入ってみたら、その会社の同期よりも、インターンシップの同期のほうが、明らかに優秀だった、と。実際のところ、一流企業に入っても、真面目なだけの同期もいる。現場に配属されても、周りの社員全員がとんでもなく優秀なわけでもなかったり」（同）

そこで思い出すわけです。**インターンで出会った、あの優秀な連中は、みんなワークスアプリケーションズに入ったかもしれない。だったら、あの会社のほうが良かったのではないか、と。**

もともとこのインターンシップは第二新卒向けに行っていたプログラムだったそうですが、第二新卒者に言われてしまったといいます。「最初からわかっていたら、元いた会社には入らなかった。回り道しないで済んだ…」と。それで、学生向けのインターンを始めたのだそうです。

現在は、インターン経験者から入社している社員が、すでに半分くらいを占めているのではないか、ということでした。

近年では、**インターンでの優秀者に特別報奨金を出しているほか、アドバンスト・インターンシップにも参加できるようにしている**そうです。これは、海外の学生と一緒にインターンを行う仕組みです。

「残念ながら海外の学生と一緒にインターンシップをすると、日本の優秀な学生はほぼ全員こてんぱんにやられてしまいますね。今年も上海で行いましたが、北京大学、清華大学ほか中国から選りすぐった学生が来ている。日本のトップクラスの大学生でも、中国のボリュー

ムゾーンでいえば、トップ層に入ることは難しい。そのくらい厳しい現実がある、ということです」（同）

今度はインドでも行うそうです。インドでも世界の超トップ層のレベルの学生が参加する。自分よりもすごいヤツがいるという刺激を与え、自身を成長させるには、素晴らしい環境が待ち構えているということ。これが、優秀な人材を強く惹きつけているのです。

会社に自由に発言できる仕組みがある

社内の雰囲気も、会社選びでは重要な要素。楽しそうだったり、遊びっぽかったり、そういう環境を好む人もいるでしょうし、逆にプロっぽい、ビジネスっぽい環境を求めている人もいると思います。

重要なことは、自分がどちらのほうが心地いいか、ということ。また、そうした雰囲気をいいものにしていくために、会社がどんな取り組みを進めているか、ということです。

例えば、セールスフォース・ドットコムでは、先にも少し触れましたが、自社の製品をうまく使って社内に不満が溜まらないようにしているそうです。

Chatterという名の、社内版のいわゆるツイッターのようなものがセールスフォース・ドットコムの製品のひとつにあります。社員の声を拾い上げるために、これをうまく使っているといいます。

「バックエンドのビジネスのソフトの表側にソーシャルな機能を結びつけていて、自分たちでもヘビーユーザーとして使っているんですが、自分たちが好きなことを話せるようにしています。ここに発言することは、人事もコントロールできないし、PRもコントロールできない。まったく社員の手の中にあるんです。彼らを信頼して、何でも話せるようにしています」（セールスフォース・ドットコム）

そんなコントロールできないような勝手に社員がしゃべれる環境を作っていいのか、と他社からも質問を受けるそうですが、それ自体が重要なポイントだと語ります。なぜなら、社員は自分の名前を出して、自分の立場も明らかにして発言しているからだ、と。

「Chatterのグループの中には、さまざまあって、会社に対する文句を言うためのグループ

もあります。例えば、社内が暑すぎる、とか、会社の通勤シャトルのルートは変えられないのか、とか、××はいつもどうしてダウンしているんだ、とか。みんなが自由に文句を言えるようにしている。ソーシャルネットワークと同じです。そして、そこに会社が割って入って、我々が修理します、というのではなく、社員同士が助け合い、社員同士が回答を出して解決していくという方法を採っています」（同）

自由に会社に文句を言わせるかわりに、実はそれを改善できる当事者は自分たちであるということを認識させられるということ。会社がネガティブな雰囲気にならないよう、この仕組みは大いにプラスに働いていると思います。

もとよりあたらしい働き方を採用している会社では、会社や仕事に対する満足度が極めて高い、という印象があるのです。こんなコメントをしていた会社もあります。

「オフィスに出勤してこようとこまいと別に僕はどうでもよくて、結果がどうなるか、ということだけを見ているんです。でも、だいたいの人は、普通のビジネスアワーと言われるような時間に姿を現すわけですね。どうしてかというと、みんなとのやりとりを楽しみたいから。だから、水曜と金曜は在宅ワークが多くて、月曜、火曜、木曜は出社が多い。いつも出社してくるわけではないから、出社してきた朝はエネルギーに満ちていますよ。ミーティングも、そういうときに開かれることが多い」（インストラクタブルズ）

「家でずっと仕事をしている人もいます。でも、オフィスが近くにあるところでは、みんな出勤してきますね。それは、別にルールとして規則に書かれているわけではなくて、みんなと一緒に過ごして、みんなと一緒に仕事がしたいから来ているんです」（エバーノート）

楽しそうに働いている社員が多いのは、会社がさまざまな取り組みをしているというだけではなく、自分に合った会社が選べている、ということも大きいと思います。そして、そういう社員が大勢、集まってくると、必然的に雰囲気も良くなっていくのだということです。

ヒエラルキーがフラットだから、頑張れる

会社のカルチャーや雰囲気に大きな影響を及ぼすものに、ヒエラルキーがあります。古い会社には、ガチガチのヒエラルキーがたくさんあって、それが自由な雰囲気を阻害していることは、多くの人が認めるところだと思います。

あたらしい働き方を目指そうとしている会社は、ヒエラルキーに対する考え方も特徴的でした。ヒエラルキーを取り払おうという意識が強いという印象を受けたのです。

「できるだけ上下の階層を作りたくない、できるだけフラットで意思決定が速い組織にしたいというのが、会社の考え方です。社長を入れても、階層は４つしかない。店舗の責任者をしている経営幹部が７人でコンパスという組織を作っていて、ここが意思決定をしています。その下は部門の責任者とメンバーです」（Ｐｌａｎ・Ｄｏ・Ｓｅｅ）

ヒエラルキーがないほど、自分で考えて、行動ができる。やらされているわけではないと思える。みんなで考えて作ることができる。

やらされ感がなければ、自分の能力も出しやすい。結果に対する文句もない。満足度も高まる。子どものとき、勉強しなさい、と言われるとやる気をなくしましたが、自分でやろうと思ったときにはちゃんとできるのと同じことです。

実際、こんなコメントもありました。

「自分たちが事業に参加している、という感覚はすごくありますね。そして、目標も自分た

ちで作っている。自分たちが作った目標って、愛せるじゃないですか。与えられた目標はそうではない。×億円よろしく、と言われても、ああそうですか、ということになる。それより、自分たちで今年このくらいやろう、このくらいできたらすごいな、ということになれば全然パワーが違うし、頑張れる。手が届くか、届かないか、くらいの目標を掲げるようになる」（Plan・Do・See）

チームラボも、かなりフラットな環境です。職種名称は、経営陣の役員を除くと、プロジェクトを回すプロジェクトマネージャーと、マーケティング担当のカタリストしかない。部長も課長もいません。

だからこそ、意見も自由に出せるといいます。一人ひとりがスペシャリストとしての専門分野を持っていて、こういうことを言ってはいけない、などということはない。**社長がプロジェクトに入るときは、単なる一員として入るので、社長の意見がまったく採用されないこともあるそうです。**

ヒエラルキーがあったとしても、できるだけフラットな雰囲気にする。そんな意識もあるのです。ＩＤＥＯでも、チームラボに似たこんなコメントがありました

「ヒエラルキーをできるだけ強調しない、消そうとしていますね。例えば企業によっては、上司が何か間違えたことを行っても、部下は唇をかんで何も言えない、というようなことがよくあります。そういうことは、この会社では起こりません。どんなに若い社員であっても、自分が主張していることはちゃんと聞いてもらえます。耳を傾けてもらえる。必ずしも言い分が通るわけではありませんが。でも、それこそCEOが言っても通らないこともありますので（笑）。通る通らないではなくて、ちゃんとリスペクトを持って意見を聞いてもらえるということです」（IDEO）

社内はできるだけ階層を作らないようにしている

2000人を超える規模でありながら、驚くほどヒエラルキーがないのが、ワークスアプリケーションズです。**かつては、代表3人で、500人ほどをフラットに見る組織を作っていた**そうです。

「**500人くらいまでは、毎日コミュニケーションを取ってやっていましたね。そんなに大**

変なことではありませんでした。ただ、もちろんマイナスもありました。細かく見切れない部分もありますから。でも、それでも中間職を置きたくなかったんです」（ワークスアプリケーションズ）

しかし、規模が大きくなり過ぎて、さすがに階層を作ったのだそうです。それでも200人のマネージャーを直接、経営陣が見て、その下にメンバーがいるという、ほとんど階層のない組織です。ユニークなのは、能力の評価が高い人間がマネージャーになっている、と断言していること。

「マネージャー適性を見てマネージャーになっているわけではないんです。基本的に、誰かに統制を取られたりするのではなく、自分で考えて好きにやってきて育ってきているので、基本のスタンスは好きにやらせることなんです。だから、マネージャーには難しさもある。全社員を集めたときには、マネージャーをマネージャーとして温かい目で見るよう話しています。自分たちが選んだ優秀な人間がマネージャーになっている。マネージャーになった途端、マネージャーらしい仕事をしろ、などと言うな、と（笑）」（同）

一方で、組織は常に流動化することを前提としているので、役職で固定化はしていないといいます。キャリアパスが見えづらいなど、ネガティブとも思える要素もあるそうですが、**今も数年に一度、大きな組織改革をして会社にダイナミズムを与えている**のです。

「ポジションのキャリアパスを持っていても、仕方がないんです。結局は、社内だけでなく、社外に行ってもそうですが、問題が起こったときに、それにどう対処し、解決できるか、という人材こそが、社会的にも価値があるからです。そこだけで十分だと思っています。その優劣でこそ、本来は評価されるべきなんです」（同）

経済が右肩上がりで大きくなり、組織も大きくなるときには、実は年功序列がいいに決まっています。なぜならみんなハッピーになれるからです。しかし今、そんなことをしていたら、会社は大変なことになる。

では、明確なキャリアパスがない中で、何がモチベーションになっているのでしょうか。

「会社が向かっている方向性が、世の中の役に立っているということです。私自身も社会貢献するために起業していますし、ビジネスってそうでなくてはいけないと思うんです」（同）

それが実感できれば、これからを生きていく力が身についていることが自分にもわかります。ヒエラルキーのある組織で、いかにポジションが上に上がっていっても、生き抜く力が身についていなければ、実は本末転倒。

実際、ポジションを得たために専門性を失ってしまうという人もいます。結果的に、ポジションは務まるけれど、専門性がなくなっていく、技術を失うという極めて危険な状態になりかねないのです。これが、実はもっともリスクが高いのではないでしょうか。

組織がフラットであるということは、心地よく働けるというだけではありません。**自ら考え、自由に働くことで、生き抜く力を常に身につける環境にいられる、**ということでもあるのです。

第3章

あたらしい働き方を手に入れるために必要なこと

求められているのは、「自由にレバレッジをかけられる人」

古い価値観や常識に縛られない、あたらしい働き方が今、次々に出てきています。これまでにない大きな魅力を持った働き方がたくさんありました。では、そうしたあたらしい働き方を手に入れるためには、どんなことが必要になるのでしょうか。

まず、ひとつ間違いなく言えることは、**あたらしい働き方を提供する会社で仕事を得るためには、極めてハイレベルな競争を勝ち抜かなければいけないということ**です。

先に、入社するにはハーバードやスタンフォードに入るより難しいかもしれない、というセールスフォース・ドットコムのコメントをご紹介しましたが、それは言い過ぎでもなんでもないと私は感じました。

しかもそれは、セールスフォース・ドットコムだけに限りません。インタビューした会社のほとんどが、異常とも言っていいほどの競争率を勝ち抜かなければ入社できないのです。どうしてこんなことになるのかというと、本当に優秀な人しか採用しないからです。

採用した信頼できる優秀な人材に、自由に仕事を任せることで成果を上げ、成長しているのが、あたらしい働き方の会社です。能力の高い社員を集めれば勝てる、というのが、これらの会社の発想なのです。だから、それ以外の人は入れない。

かつても競争率の高い会社はありました。人気ランキングの上位の会社もそうでしょう。しかし、それとはちょっと違う競争率の高さだと私は思っています。ただ優秀なだけではないのです。入社してから〝大人〟として扱われることも、そのひとつです。

つい最近、アメリカの大手ポータルサイトで在宅勤務が禁止になりました。メディアの中には、やはり在宅勤務は問題がある、という論調もありましたが、私は違うと思っています。

この会社は急成長の後に業績が悪化、社員のレベルが当初の頃に比べて大幅に下がってしまったのだと思うのです。結果として、勤務実態がないような不良社員を生んでしまった。

レベルの高い社員しか取らないという強い意志がなければ、あたらしい働き方の継続は難しいということなのです。〝大人〟を採用しないといけないのです。

だからこそ**面接も、通り一遍、2~3回するのではありません。7回も8回もする会社がある。配属予定の部署全員に会う会社がある。社長が徹底的に面接にこだわっている会社もある。面接した全員がOKしないとパスできない会社もある。**

能力も人間性も求められるから、面接テクニックなどの付け焼き刃ではどうにもならないのです。逆にいえば、面接のテクニックで受かってしまう会社にはあたらしい働き方はない、といえるかもしれません。

ただし、誰もがこうしたあたらしい働き方に出会うことが幸せなのかというと、そうではない、とも私は感じました。向いている人には、たしかに向いている。しかし、向いていない人には、徹底的に向いていないとも思えるからです。

では、過去のエリート的な優秀さではない、こうしたあたらしい働き方を得るために必要なスキルとは何なのか。

これを一言で言うなら、**「自由にレバレッジをかけられる人」**だと私は感じました。自由というものを、どう解釈するか。２つに分かれるはずです。

自由だから仕事をしなくてもいい、怠けてもいい、ラクができていい、労働時間も自由だから、さっさと帰って何もしなくていいや、と解釈してしまうという人か。一方で、**自由からより大きな成果を得よう、能力を最大限発揮できる場にしよう、という人**か。

端的に言えば後者、自由にレバレッジをかけられる人こそ、あたらしい働き方にふさわしい人。では、そのときに必要となる能力とはどういうものなのか。

21世紀型スキルの普及と教育改革のために作られた国際組織ATC21s (Assessment & Teaching of 21st Century Skills)。この組織は、米国やオーストラリアなど6カ国の政府と大学・産業界が協力して活動しているのですが、ここが中心となって、21世紀型のスキルを、

①思考の方法—創造性、批判的思考、問題解決、意思決定と学習
②仕事の方法—コミュニケーションと協働
③仕事の道具—情報通信技術（ICT）と情報リテラシー
④世界で暮らすためのツール—市民性、生活と職業、個人的および社会的責任

の4つのカテゴリーに分けて、考えています。
過去の延長ではなく、あたらしい働き方を目指す人々が意識していかなければならない、こういった動きが世界的に出てきています。

すでにこのような考え方をする人たちが出始めていますが、本書では仕事のスキルと思考のスキルの2つのカテゴリーに分け、あたらしい働き方のために必要なスキルを17の要素にブレイクダウンして解説していきます。

あたらしい働き方を手に入れる17の必要なスキル

【仕事のスキル】

1　自ら考え行動できる
2　コラボレーションできる能力
3　時間効率がハイレベル
4　あたらしいハードワークができる
5　上下ではなく横のパートナーシップ
6　クラウドなどITを最大限活用する能力
7　売れる仕事のスキル

8 考えているだけでなく、行動する力

9 ボーダレスに仕事をする力（語学、異文化コミュニケーション、論理的思考）

【思考のスキル】

10 人間性が重要

11 思考の柔軟さ

12 不確実性を楽しめる

13 暗黙知、明文化されていないルールを読める能力

14 お金だけではなく、意義を感じて働く力

15 自分自身をよく理解する能力

16 常に進化し続けられる力

17 自分のスタイルを持っている

【仕事のスキル】

1　自ら考え行動できる

自ら仕事を作れるか。収益が上がる仕組みを作ることができるか

どの会社でも採用の条件として挙がっていたのが、**自ら考え行動できること**でした。当たり前といえば当たり前なことですが、実は意外にできていない人は少なくないと思うのです。例えば、自ら仕事を作れるか。収益が上がる仕組みを作ることができるか。ビジネスモデルづくりができるか。

日本の教育の基本は、優秀な従業員を作ること、だったのではないでしょうか。組織としてのミッションを従順にこなしていく人材が、育てられてきたのではないかと思うのです。

逆にいえば、言われないとできないということ。何も言われなくても自分でモノを作ったり、組織を作ったりすることは得意ではない。しかし、これからの時代に求められているの

は、まさに自ら考え行動する姿勢なのです。

そしてこの姿勢を別の表現で言い換えるとするなら、**自分をきちんとマネジメントできるか**、ということになると思います。**目標があって仕事に向かっているとき、セルフマネジメントができるかどうか**。

上司が見ていないとサボってしまう人もいれば、自分で動ける人もいる。あれをやりなさい、と言われないと動けない人もいる。

ましてや、労働時間も曖昧なフレキシブルな働き方、フレックスタイム、もっといえば無期限休暇なんてものまである環境の中で、セルフマネジメントができない人は、単にサボるだけで終わってしまいかねない。

先にも書いた〝大人〟が求められるということです。実際のところ、アメリカでの取材で、何度も〝大人〟という言葉が出てきたことは意外でした。それだけ大人の行動ができる人が少ない、ということなのかもしれません。

自ら考え行動できることや大人であることがいい、そうでなければいけない、と言いたいのではありません。こういう人たちでないと、あたらしい働き方の会社では、やっていくことが難しいと思われるからです。もし、〝大人〟でないのに入社してしまうと、結果的にお互いの不幸になりかねない。

言われたことを従順にこなすほうが好きだという人もいますし、そういう人材を好む会社もあります。どちらがいい、ということではなく、あたらしい働き方には、自ら考え行動できる人しか向いていない、ということです。

わかりやすく言えば、ベンチャースピリット、と言ってもいいかもしれません。**ベンチャースピリット的な要素が、あたらしい働き方にはマッチする**のです。

2 コラボレーションできる能力

個々の才能が必要な時代だと言われます。しかし、個々の才能だけでやろうとしないからこそ企業の意味があります。個々の才能だけなら個人でビジネスをすればいい話です。ディー・エル・イーに象徴されるように、会社というプラットフォームを使って、個人ではできない大きな仕事ができることが、個々の才能には大きな魅力になります。そして、そうした才能が集まって組織になることによって、より大きなことができるようになる。チームラボやカヤックのようなクリエイティブな仕事だけではなく、パタゴニアのような製造業でも、一人ひとりの個性が組織に取り入れられることによって画期的な商品が生み出されていくのです。

もちろん個人の能力やスキルも重要ですが、同時に、それを誰かとコラボレートしてもっと大きくしていく力を持っていなければ、大きな可能性は生まないということです。

では、**コラボレーション能力とは何か**。それは、**論理的に物事を伝えられる能力**だと私は思っています。**自分の考えを本質的に表現できるということ**。

そしてもうひとつが、**誰かと一緒に考えられる能力**です。私自身もそうですが、人と話をすることによってアイディアがまとまったりする。多くの人のアイディアが混ざることによって昇華させることができる。こういうことができないと、自分でいくら考えても、アイディアは拡大していかないことが多い。何かとの〝化学反応〟も起きないのです。

だからこそ大事なことは、誰と考えるか、です。レベルの高いチームの中で一緒に考えるから、より面白いアイディアが生まれてくる。つまり、シナジーを生める関係が求められているのだと思うのです。

このとき、批判的な目も重要になります。ただし、批判も建設的なものでなければいけません。「そんなアイディアはダメだ」「つまらない」というスタンスではなく、建設的に物事を捉えて、ナイスな言い方で指摘できるかどうか。それも問われてきます。

3 時間効率がハイレベル

あたらしい働き方では、圧倒的な時間効率が問われていました。そのハイレベルさを考えると、根本的に時間の使い方を見直す必要があります。

ちょっと効率がいい、などというレベルではないのです。連続的ではない時間を使う、普段の生活を変えるなど、あたらしい発想が問われている。これまでのような時間の使い方のレベル、ましてや「仕事が終わらないから残業します」などというレベルではまったく話にならないのではないかと感じました。

スタートトゥデイは6時間労働を導入していますが、過去に比べると4、5時間は拘束時間が減っているのです。**同じ成果を挙げるには、根本から見直して、集中度を高めないといけない**。細切れの時間でも仕事ができたりする能力は必須でしょう。

かつての一般的な企業の慣習からでしょうか。連続8時間で、しかも、ある程度まとまった時間がなければ仕事はできないという思い込みが、多くの人に刷り込まれているのではないかと私は感じています。しかし、それも過去の考えになっていくと思うのです。

むしろこれから問われるのは、**細切れやぶつ切れの時間、隙間時間をどううまく使って仕**

事をするか、です。そのやり方を身につけないといけない。そして、できる限りの短時間労働を意識して、そこで終える意識を持たないといけない。時間に区切りを作らない仕事は、集中力も生み出しません。フレキシブルな時間をうまく活用して、短時間に集中して仕事を推し進めることが求められるのです。

あたらしい働き方は、短時間労働が魅力だと考えている人もいるかもしれませんが、単なる短時間労働を求めるのは、筋違いと言わざるを得ません。高い集中力で、短時間労働でもそれまで以上の成果が挙がる仕組みややり方が問われるのです。

そのために、いかに自分の時間効率を改革できるか。それが重要になるのです。

常に時間の使い方を見直し徹底的に時間効率をアップし続ける。いい方法を常に模索していくのは、絶え間ないコスト削減と同じようなものです。コスト削減には終わりはなく、そのやり方は常に改善されていくように、時間効率も常に見直していくものなのです。

4　あたらしいハードワークができる

ハードワークという言葉には、いいイメージがない、という人も多いかもしれません。上司に命令されて。時間効率が悪くて。自分は頑張っているつもりなのに成果が出ない。やることがないのに上司がいるから帰れない…。要するに、成果につながっていかない、時間をかけたのにアウトプットが少ないというイメージも大きいのではないでしょうか。

しかし、あたらしい働き方のハードワークは、同じハードワークという言葉でも違います。頑張った分のアウトプットが大きい。誰かに言われたわけではなく、自らの選択で、自らの仕事にコミットしている。

では、その原点は何かというと、**いいものを作りたい、いい仕事をしたいという熱意、パッションの強さです**。

上司に「お前の今月の目標はこれこれだ」と言われてやるハードワークとは違います。自らゴールを設定しているのです。だからこそ、それに対してコミットメントは強くなる。やらないと怒られるから、などというネガティブなモチベーションにはならないのです。

近年、スポーツの世界で体罰を中心とした恐怖で仕切るマネジメントが問題視されるようになっています。どうしてこんなことになっているのか。

かつては、恐怖がマネジメントに有効な時代もあったのだと思います。しかし、今は必ずしもそうではないのです。恐怖がなくても、自ら情熱を持って取り組むことができるようになった若者が出てきているから。自分で目標を設定し、強いパッションで向かっていくことができる。そこに恐怖を持ち込もうとするから、反発されるのだと思うのです。

自分でできる人にとってみると、押しつけのマネジメントは逆効果です。強制されたハードワークからは、いいアウトプットはやはり出ない。自分で選び、決めたことだからこそ、情熱を持って取り組めるのです。

5 上下ではなく横のパートナーシップ

多くの会社が今でもそうかもしれません。上司であるボスからのプレッシャーで仕事をしている、という人は少なくないのではないかと思うのです。

しかし、あたらしい働き方の会社ではまるで違いました。多くで、ピアプレッシャーという言葉が出てきました。**まわりの同僚たちが優秀でレベルが高い。だから自分もよりよい仕事をしようと頑張れるのだ**、と。みんなが頑張っているから、自分も頑張ろう、という姿勢です。

しかも、みんなが帰らないから自分もいないといけない、といったネガティブなピアプレッシャーではありません。みんなで頑張ろう、この組織をよりよくしよう、というポジティブなピアプレッシャーなのです。

あたらしい働き方の会社では、こうした**ポジティブなピアプレッシャーを感じられる人を**

求めています。また、自らそれを発することができる人を欲している。

命令されないと動けないようではそれは難しいし、ましてや上司がいないからサボってしまおう、などというのでは話になりません。

今回、**多くの会社が360度評価を採用していましたが、これがうまくいっているのも、ピアプレッシャー効果**だと感じました。

上下の関係のプレッシャーで仕事が生まれているのではなく、同僚とミッションを共有し、コラボレートして仕事をしている。みんなでよりハイレベルを目指そうという共通認識がある。だから、360度評価もうまくいくのです。そうでなければ、サボっている同士で高得点をつけあったり、などということになりかねない。

そして**上司だけが絶対的な権限を持っていないために、部署間対立など、無駄な政治がありません**。敵は社内ではなく社外にいるのだ、というネットアップのコメントがありましたが、まさにその通り。

全員がポジティブなピアプレッシャーに囲まれ、そうした本質がわかっていれば、内部の政治的な闘争でお互いをつぶしあったりすることは、まずなくなるのです。

6 クラウドなどＩＴを最大限活用する能力

これはあえて言うまでもないかもしれませんが、**ＩＴを最大限活用する知識と能力が必要になる**、ということです。なぜなら、時間効率を上げたり、フレキシブルに働くには必須のスキルだから。そうでないと、自分の持っている能力を１００％生かすことができなくなる危険性があるのです。

細切れ時間でも仕事ができるのは、ＩＴインフラがあってこそ、です。それこそオフィスに行かなくてもいいのに、ＩＴスキルが足りないというだけで、行かなければならなくなってしまったり、同僚とコラボレーションするときも、一人だけ足手まといになってしまったりしかねない。

実際、フェイスブックを一人だけ使っていなかったために、情報共有が大変になってしまった、という声をときどき耳にします。イベントを立てて、参加者の人数を把握したり、連絡をしたりすることができるのに、一人が入っていないために連絡がうまくいかないのでは、組織の力も弱くしかねない、というわけです。

最近では、クラウドなどの情報共有ツールも当たり前になってきています。想像以上にＩ

Tの能力は求められていると考えたほうがいいでしょう。あたらしい働き方を推進する上でのベースとなるスキルと考えるべき。そして、この力があるからこそ、あたらしい働き方のフレキシビリティをより享受することができるのです。なので、ウェブリテラシーやモバイルデバイス活用の知識は常に自らアップデイトしておく必要があります。

仕事をする上でも、自由度を上げていくためにも、欠かせない能力になってきているのです。

7 売れる仕事のスキル

あたらしい働き方の企業との関係は、労使や雇用というより、パートナーシップのようなものだと私は感じました。会社から給料をもらうとか会社に雇われているという感覚ではなく、**会社にサービスを提供し、それによって対価を受け取る立場だということ。**したがって、**関係は依存なのではなく、対等**なのです。

だからこそ問われるのは、**自分のスキルの中で、誰かに買ってもらえるようなスキルがあるか**、ということです。それを自分が持てているか、作れているか、もっといえば、作ろうと思って行動できているか。これが極めて重要になると思うのです。

スキルがあればいい、というわけではありません。売れるスキルかどうか。それこそ、営業部長ならできる、大きな組織で調整するのが得意だ、などというのは、売れるスキルとしては難しいでしょう。組織に対して何ができるかが極めて曖昧だし、特定の組織でしか通用しない可能性が高いからです。

売れるスキルを持っていれば、提供するのは1社と限る必要はありません。競合しないところであれば、求められれば、そのスキルを提供してもいい。最近では、副業規定も緩くなってきています。収入源を複数にして、さらにスキルを上げる機会にもできます。

一方で、新卒社員のように基礎訓練やスキルトレーニングが必要な場合は、基本的にまずはスキルをつけてからあたらしい働き方を目指す、というのが流れだと思います。もちろん新卒採用をしている会社もありますが、そうでない会社のほうが多いからです。

新卒採用をしている会社だとしても、何か自分の売りになるものを持っておいたほうがいいでしょう。会社の基礎トレーニングやスキルトレーニングに大きな期待を寄せているようでは、会社に貢献ができないからです。

まずは自分の売りは何か、何を買ってもらえるかをしっかり考えることです。今の学生は、こういう意識をしっかり持っている人も多い。特にエンジニアは、むしろ社会人よりも売れる能力を持っている学生も少なくないと私は見ています。

プログラミング能力や、クリエイティブ能力など、若い人ならではの領域にフォーカスするのもひとつのポイントです。これから、**プログラミングする能力は、文系であっても必要になってきます**。プログラマーにならないとしても、簡単なプログラミングの基礎を学び、プログラミングとは何なのかわかっておく必要性は、急速に高まっています。

とにかく、新卒でも中途でも、入社前も入社後も、売れるスキルを強く意識することです。

8 考えているだけでなく、行動する力

今は、何がうまくいくか、簡単にはわからない時代です。だからこそ**必要なのは、手数を打ちまくること**です。

例えば、インターネットビジネスで行われているような、完成形でもないし、あまり投資もしない段階で、小さくいろいろと打ち出してみて、いけそうなところに集中投下するというスタイルが有効な方法なのではないか、ということです。

ここで重要になるのが、早くアクションを起こすこと。プランの精度を上げようと必死になって考えて、なかなか動かないというのは今の時代には合いません。とにかくどんどん行動し、失敗から学んでいく。

インストラクタブルズでは、こんなコメントもありました。**失敗は奨励するが、同じ失敗を繰り返さないことこそが何より大事だ**、と。今はネットビジネスと、あたらしい働き方の仕事の仕方は似てきているのかもしれません。

昔は、大きな資本を用意して、計画をしっかり立ててから一気に投入していましたが、今はこれではスピードが遅い。そもそも、じっくり計画を立てていたのでは、その間に環境が変わってしまうかもしれない。

完璧な状況でなくても、まずは手を打っていく。それが必要な時代なのです。6割でいいから見切り発車する。ひとつに賭けすぎない。ひとつのことだけやって、「1」もできないよりも、「10」やって「8」失敗して「2」何か生み出せるほうがいい。

重厚長大産業型のビジネスは別ですが、とりわけあたらしい働き方の会社では、そんな発想が求められていると思うのです。

9　ボーダレスに仕事をする力（語学、異文化コミュニケーション、論理的思考）

今や、外国人と一緒に仕事をしていくのが、当然のようになってきています。取材をしたワークスアプリケーションズやカヤックでも、海外の人々と働く能力が求められていましたが、これからはさらに加速していくことでしょう。

日本語しか話せないと仕事の枠が広がらなくなってきますので、英語を話す能力は最低限の能力になっていくと思います。

英語を話す能力は当然の能力として扱われ、さらに異文化の人たちときちんとコミュニケーションをとっていく異文化コミュニケーション能力が問われていくでしょう。今までだったら、TOEIC750点以上というような基準でしたが、これからはそれだけでは足らなくなってきます。

そして**同時に重要になってくるのは、論理的思考**です。自分の考えを違う文化の人たちに明確に伝えていく能力が必要になってきます。論理的な思考がベースになっていないと、異文化の人にはうまく伝わらないからです。そのためには、論理的思考を培うために、トレーニングをしていく必要があると思います。

私の場合は、アメリカのビジネススクールに留学したときにそれらの能力を学ぶことができました。論理的に日々考えなければ何も進めなかったので、それがいいトレーニングになりました。日本にいたとしても、日々意識して物事を論理的に考えるようにしていけば、能力は磨かれると思います。チームメンバーに物事を伝えるときに、ただ単に思いついたことを伝えるのではなく、伝えるべきことを論理的に考えて構成し、説明する準備をしておくなどすると、いいでしょう。
また**自分の意見や自分のやりたいことを、しっかり主張するトレーニングをしておくこと**も必要です。このトレーニングをしておかないと、海外の人と仕事をしたとき、自己主張しない人は、使われて終わってしまいます。便利なワーカーとして扱われるか、クリエイティブなものを生み出す人として扱われるかで考えると、自己主張する能力が重要になっていきます。

語学、異文化コミュニケーション、論理的思考、自己主張をする能力、以上の４つの能力が、ボーダレスに仕事をするためには必要になってきます。

【思考のスキル】

10 人間性が重要

まず、採用において、あたらしい働き方の会社を象徴するスタイルを実践していると感じたのが、パタゴニアでした。

「社主のイヴォンとの面接は、いろんな形があるんですが、僕の場合は、サーフィンを一緒にやったんです。たまたま、ものすごくいい波が来て。おそらく一挙手一投足が見られていたのではないかと思います」（パタゴニア）

私もサーフィンをやるので、よくわかります。いい波が来たときに、どんな対応をするか。どんなふうに海に入って、どんなふうに波に向かうか。そういうところに、ものすごく人間というものが出るのです。

あたらしい働き方に取り組んでいる企業では、もちろん仕事スキルや職歴がまったく問われないというわけではありませんが、**素晴らしいスキルや職歴があっても、それだけで採用されることはない会社が多い、**という印象を持ちました。何が見られているのかというと、人としてどうか、ということです。

自由度が高いだけに、人間がしっかり見られる。すぐに大人扱いされるだけに、スキル以上に人がチェックされるということです。

では、人間性とは何か。性格がいいとか悪いとか、単にそういうこととはちょっと違います。例えば、食事がおいしい、まずいという感覚は、極めて主観的です。その人にとってみてのおいしいだったり、おいしくないということ。ここでの人間性とは、まさにこれです。つまりは、**その会社と人間性が合うか合わないか、**なのです。したがって、採用されなかったら人間性が認められなかったのか、性格が悪いと判断されたのかというと、そうではありません。

それぞれの会社によって、こんな人間性が大事なのだ、というスタンダードや暗黙知があり、その人間性とマッチしているか、というだけなのです。恋愛と同じです。こちらがいくら好きでも、相手が興味のない場合もある。一方で、どうしてこの人たちは付き合っているんだろう、という2人がうまくいっていたりもする。合う人は合うし、合わない人は合わない。無理をしてもダメだということです。

だからこそ大事なのが、素の自分を大事にすること。自然体でいることです。実際、例えばスタートトゥデイでは、採用される人の共通点には自然な人が多い、というコメントがありました。だから、自分を過剰に演出しないほうがいいのだ、と。自分を飾り立てようとしたり、無理をしても無駄。本当の自分と違う姿を見せようとしても、意味がないということです。

ザッポスには、10のバリューがあり、そのひとつに**「謙虚さ」**があります。威張り散らしたりせず、落ち着いた人であること。それは、面接だけではなく、採用の過程でもチェックされています。

例えば、働きたい人は空港に集まってバスで会社まで送られてきますが、人事担当者はバスのドライバーにも意見を聞くのだそうです。面接では身構える人も、バスの中では地が出てしまう可能性が高い。これは、本当に自然体になったときにどうなるのか、着飾っていない状態を知って入社を決めることが、お互いにハッピーだと思っているからです。

たくさんの会社に取材に行きましたが、**人に関して全体的に感じたのは、ナイスな人が多いこと**でした。結局、ナイスな人たちの周りには、ナイスな人たちが集まってくるのではないか、と思いました。類は友を呼ぶ、ということです。

ネットアップが象徴的でしたが、紹介で入社している人が多いというのも、会社側がそのことをよくわかっているからだと思います。

そうなれば、**気をつけなければいけないのは、自分の周囲**です。**見回したときに、愚痴っぽい、会社の文句ばかり言っている人が集まっていないかどうか**。そういう場合、自分も知らないうちにそうなっている可能性がある。自分の周りの仲間を通して自分を見ることもできるのです。問われているのは、まずは人間性です。スキルの前に、人間性なのです。

11 思考の柔軟さ

変化の大きな時代、いろいろなあたらしい考え方や、やり方が出てきています。ところが、それを受け付けられない人がいます。

過去の成功体験に縛られて、従来のやり方をそのままやろうとしてしまう。あたらしいテクノロジーが出てきているのに、それを試そうとしない。もっと時間効率が上がる方法があるのに、やろうとしないために損をする…。こんなスタイルでは、あたらしい働き方の会社は難しいでしょう。

取材した多くの会社で改めて実感したのが、**多様性が重視されていること**でした。違う分野の人たちをつなぎ合わせて、いろいろな意見を組み合わせていいものを創り出していく。

そのためにも、思考の柔軟さは必要です。

すでに、過去の延長線上で考えても、いい発想は生まれてこない時代です。**求められているのは、まったく違うものの組み合わせ**。例えば、d.schoolのように医学と宇宙工学のような、どうしてこんなものが結びつくのか、というものがマッチしたときに、面白いものが生まれる。

これまでのような会社の中だけの付き合いをしていたのでは、発想に幅がなくなります。また、**自分の専門外についても尊重できる姿勢が必要**です。まったく違う分野の意見や考えを意識したり、つなぎ合わせたりする能力は、これからますます求められるものになっていくはずです。

自分はビジネススクールでこれを勉強してきたから、自分の考えは全部正しい。そんなエリートも過去、存在していたのも確かです。しかし、それはすでに過去のエリートの姿だと私は思っています。

今のエリートは、常に前を向き、好奇心を持ち、あらたな体験を自分の中に加え、仕事以外でも刺激を受けて、変化に対応していくのです。**自ら外に出て行く人**です。そうしなければ、時代に対応できないから。学んだことは、どんどん古くなっていくからです。

12 不確実性を楽しめる

何が起こるかわからないような不確実性の高いところでも、楽しく仕事ができるかどうか。

これは、あたらしい働き方のもとでは必須の能力だと感じました。

カヤックで、面白いコメントがありました。3人の代表がいるのですが、3人がそれぞれ違うことを言ったりするのだそうです。そんな中で、自分でどれを選ぶか判断しないといけない。

どうして3人の代表が違うことを言うのか。本来、世界は不確実です。むしろ、バラバラのことが出てくるのは自然なこと。

それこそ、あたらしいテクノロジーが出てきたり、あたらしいビジネスができていく中では、何が起こるかわからない。もとより、あたらしい働き方では、前例のないビジネスが多い。誰もやったことがなかったことをやっている会社ばかり。そこには確実性はないし、正解もない。

昔のビジネスは、ある程度、正解がありました。こんなふうにしたらこうなる、というのは、100%ではないにしても、なんとなく見えた部分がありました。しかし、今やろうとしているのは、理論としても存在していないことだったり、実験を続けるようなビジネスだったりするのです。

そんな中で自分の力を発揮するには、不確実なこと、前が見えないことを楽しむ姿勢で立ち向かう必要があります。

もとより受験エリートというのは、正解を出してエリートになっている。正解を求めがちなのです。しかし、**あたらしい時代では、はっきりと見える正解はないと考えたほうがいい**。また、朝言ったことが、夕方には変わってしまう朝令暮改も、ある意味、当然なことともいえます。

ベンチャー企業のオーナー経営者などは、昔からそうでした。しかし、今はかつて以上に変化が激しくなっている。言うことも、朝令暮改どころではなく変わっていると思います。数時間後に変わることも、その場のミーティングで変わることもある。それは、必要だから、変わっていくのです。

にもかかわらず、「言うことがコロコロ変わって困る」などという感覚でいるなら、それではあたらしい働き方には向いていない。むしろ、そうした変化を楽しみ、ドラスティックさを面白いと思う感覚が必要です。また、自分自身も、そういう感覚を持たないといけない。正しいことは簡単にはわからないし、変化をし続けているのです。昨日まで正解だったことが、今日正しいとは限らない。

逆にいえば、それを見極める能力も必要になるということ。**昨日までと何かが変わった、明日から変わる、ということを読めるセンスも問われてきます**。

経営者は道を開拓することが仕事です。それを拡げるのが、部下の仕事でした。舗装したり、高速道路を造ったり、トンネルを掘ったり。

しかし、今はもちろん道路を拡げることも求められていますが、自分で道を開拓していく能力も求められています。道がないところに入っていく勇気や決断力も、必要。それは、経営者に近づいていくことでもあります。

13 暗黙知、明文化されていないルールを読める能力

あたらしい働き方の会社の多くに共通していて驚いたことに、「ルールが少ない」があります。実際、明文化されたルールはない、ルールをできるだけ作らないようにしている、というコメントもありました。

セールスフォース・ドットコムなど、上場企業でエスタブリッシュな大企業のイメージもあるにもかかわらず、ルールや制度について質問しても出てきませんでした。

だからこそ、こんなコメントが強く印象に残ったのでした。

「世の中にはルールがあって、それに沿って生きたほうが心地いいという人もいます。また、何かを誰かに決めてもらったほうがいい、という人もいる。しかし、ルールがないことに耐えられない人には、向いていないと思います」（カヤック）

たしかにその通りでしょう。ルールがほとんどないわけですから、**ルールがないことに耐えられない人には向いていない**。それが、あたらしい働き方の特徴と言っていいと思います。しかし、本当にルールが何もないのかといえば、そんなことはない、ということにも注意が必要です。実は、紙には書いていないけれど、さまざまな暗黙的な了解はたくさんあったりするのです。だからこそ**必要になるのは、暗黙知や明文化されていないルールを見抜く能力**であり、それを理解した上で行動できる力です。

それは何かというと、**「相手がこういうことを求めているに違いない」と想像し、相手の求めているもの、相手の気持ちやニーズを考えることができる能力**です。

実はそれは、ビジネス上とても重要な、顧客が何を求めているかを想像する能力に近いかもしれません。

そのベースにあるのが、**コントリビューションの精神、相手に貢献したい、応援したいという意識**です。自分が所属している組織や仲間に何かしてあげたいという思いがあるから、暗黙のルールに意識が及ぶのです。

自分の利益しか考えず、何かをもらおうということばかりいつも考えている人は、そうした意識には及ばない。それでは暗黙知は理解できず、周囲とうまくやっていけなくなってしまう。

単に独りよがりで物事を推し進めていくのではなく、常に相手や周囲のことを想像したり、思考することが求められるということ。端的に言えば、考え方を共有できる能力、と言ってもいいかもしれません。これがあれば、実際には存在している暗黙知や明文化されていないルールを意識し、見抜くことができるのです。

暗黙知はかつて、日本でも注目されたキーワードでした。ところが、時代の変化とともに、否定されていきました。情報は共有しないといけない、ノウハウややり方はオープンにしないといけない、とルールとして可視化されていきました。

物事を効率化するには、必要なことだと思います。しかし、可視化されたことが答えになってしまうと、何かを作り上げていったり、クリエイティブな領域では逆効果を生むのです。

そこで、**ルールでがんじがらめにする時代から、また揺り戻しが来ているのではないか**と私は感じています。マニュアルやルールからでは、生まれないビジネスやサービスがあるのです。

14 お金だけではなく、意義を感じて働く力

お金をモチベーションにする、というのもひとつの考え方かもしれません。少しでも給料が高い会社に入りたい、年収はこのくらいの会社でないと嫌だ、という考え方も否定はしません。しかし、お金だけをモチベーションにする人は、あたらしい働き方は難しい可能性があります。

今回、取材した会社の多くは、給与水準が驚くほど高いわけではありませんでした。業界平均を下回ることはないけれど、業界平均から極端に高いかといえば、そういう会社はほとんどありません。

つまり、業界平均よりも高いところがいい、とにかく高い給料で、というスタンスで仕事を探していたとしたなら、こうしたあたらしい働き方の会社に巡り合えない可能性もあるということです。

そして印象深かったのは、**お金ではないものに強いモチベーションを感じて入って来る人**

たちが少なくないということ。例えば、**仕事の社会的な意義やインパクトへの魅力**。

キックスターターは象徴的でしたが、**社会に大きなインパクトをもたらす事業に携われることに喜びを感じられる、という思いで入社を決める人が多い**というのです。

そして、こうしたお金ではない、意義を感じて働く感性を持っていることも、あたらしい働き方には重要だと私は感じました。

なぜなら、同僚もそうだからです。**社会的なインパクトを与えられることが面白いと思えないと、その喜びを同僚と共有できないことになります**。そうすると、コラボレーションも難しいし、あたらしい働き方の持つメリットをうまく活用できなくなってしまう可能性もあります。

実は仕事をするとき、お金以外に得られるものは、意外に大きかったりします。ところが、お金に縛られていると、それが見えてこない。新たなモチベーションになるものにも、なかなか気づけなかったりする。醍醐味が実感できなかったり、充実感が得られなかったりする。お金だけではないところで意義を感じて働く力は、いろいろな場面で生きてくるものなのです。

そして結果的には自分にお金では買えない力がついて、後からお金はついてくるのです。

15 自分自身をよく理解する能力

例えば、**自分の今のステージによって、あたらしい働き方の会社に入るのがいいのか、もっと後のほうがいいのか、という発想があっていい**と思っています。

売れるスキルを身につけてからにしよう、と自分で決めて、それまではあたらしい働き方とは異なる、ボスに命令されるような会社でとにかく経験を積む、というのもひとつの考え方です。自分がしかるべきステージにないのであれば、トレーニングをして能力をつけてからあたらしい働き方に向かう。そのほうがいい場合もある。

では、それをどう見極めるかを考えるとき、必要なのが、**自分自身をよく理解する能力**です。今の自分の仕事のステージはどのようなもので、どういう仕事をするべきか、どんなスキルを身につけるべきか、状況を理解して、ふさわしい行動を取れるか。

それこそ、しかるべきステージにもないし、能力もないのに、この本に出てくるような人気企業に入りたい、というのでは、採ってはもらえませんし、そのために落ち込んだりしてはまったく意味がありません。

そもそも**自分自身の能力やステージ、やりたいことが明確に理解できていないのでは、あ**

たらしい働き方の会社にはまず入れない可能性が高い。

先にも書いたように、向いている人には向いているけれど、向いていない人には徹底的に向いていないのが、あたらしい働き方です。そしてこれは、それぞれの会社にも言えることです。ある人に合っている会社が、他の人にも合うとは限らない。

自分に何が向いているのか、何が向いていないのか。本当に自分が能力を発揮できる環境はどんな環境なのか。それをわかっていないといけない。

そのためにも、自分を理解しておく必要があるのです。今自分が何をしないといけないのか、何が必要なのか、どんなスキルがあるのか、把握できていないといけない。そうでないと、うまくいかなかったり、ミスマッチが起きてしまいかねない。

自信を持つことは大切です。しかし、自分を過剰に評価してはいけません。冷静に客観的に見られる力が求められるのです。

16 常に進化し続けられる力

自分を常に変えられるか、ということです。極論を言えば、**自分の今までやってきたことを完全否定できるかどうか**。自分の能力を否定できる能力、と言ってもいいかもしれません。

過去の成功体験に縛られるのではなく、自分がやってきたことをあえて否定して、違うやり方を取り入れられるくらいでなければ、激しい変化の中であたらしい仕事を手にすることはやはり難しいと思います。

あたらしい働き方をしている人たちに感じるのは、学び続ける意識の高さです。例えば、若い人から貪欲に学ぼうとする。大変な能力があり、成果を出しているのに、自分の知らない世界を持っている人と謙虚な姿勢で向き合うのです。

だからこそ、厳しい世界で生き残っていられるのだと思います。また、進化もし続けられるのです。進化ができず、止まったら一気に取り残される時代なのです。

それこそＩＴに関しては、今の10代は私たちの時代とはスタートラインがまったく違っています。こちらも常に進化していかなければ、とても追いつくことはできない。出版ビジネスも、ＩＴを組み合わせてまったく違うものができてくるかもしれません。

「昔から変わらないね」というのは、もはや褒め言葉ではなくなっています。「それで大丈夫？」と言われているということだと思うのです。

17 自分のスタイルを持っている

例えば、**会社以外の仲間やライフスタイルを持っているかどうか。なぜなら、そういうところから、あたらしい発想が生まれてくるから。**ひとつのことをし続けていても、あたらしいものは生まれなくなっている。**いろいろなものが積み重なったり、偶然の出会いがあったり。そうしたベースがなければ、いい仕事もできない時代**なのです。

あたらしい働き方のもとでは、**仕事と遊びの垣根がどんどんなくなっている**と私は感じています。そんな中で、疲れて週末はダラダラしている、早く帰ってもやることがない、なんて生活では、あたらしい価値を生み出せるとはとても思えません。

必要なのは、自分はどんなライフスタイル、人生を送りたいのか、しっかり持つことです。それは、仕事選びや会社選びにもつなげられる。魅力的な環境を、生かし切ることができる。

このとき注意しなければいけないのが、まわりに影響されず、自分の進みたい道を決めることです。これが流行っているから、とか、みんなが憧れているから、ということで惑わされない。結局それは、自分のスタイルにならないからです。

まわりに関係なく、自分はこうしたいんだ、というスタイルを確立できるか。その指標としてわかりやすいのが、知っているブランドがついていないモノを選んで買えるか、だと私は思っています。

ブランドがついていない商品を買えない人は、やはり自分のスタイルがない人だと思うのです。本当にそれがいいと思って買えるか、コマーシャルをやっているから、みんなが評価して持っているから、なのか。マスマーケティングに踊らされることなく、自分の選択眼を持っているか。

まわりに影響されて価値観がコロコロ変わるようだと、ビジネスもそうかもしれない、と思われても仕方がありません。

もとより、どうしてまわりを気にする必要があるのでしょうか。自分の信じているものは、ベストだ、と思うべき。それを貫ける力があるかどうか、が問われるのです。

パタゴニアでは、**「働き方は生き方だ」**、と定義されています。まさにその通りだと思います。働くことは、単なる労働ではないのです。

そもそもこの「労働」という言葉に、私は違和感をずっと持ってきました。労働というのは、管理者がいて、そこでやらされている印象がある。だから、労働基準監督署が必要になったりする。労使では労が弱いから、監督してあげなければいけない存在なのだ、ということ。

つまり、対等ではないのです。上下関係なのです。しかし、それを生き方にするということは、対等になるということ。そう意識した瞬間、働きはもう「労働」ではなくなるのです。

あたらしい働き方を提供する会社を経営するために必要なこと

こうしてあたらしい働き方に必要な能力をまとめていて、気づいたことがあります。それは、まさに**これらは経営者のスキルである**、ということです。もっといえば、**ベンチャースピリットを持った経営者のスキル**、と言ってもいいかもしれません。

古い働き方は、高度経済成長時代の連続思考をベースにした依存型雇用関係、労使関係でした。ところが、経済が停滞して、激しい変化の時代を迎えて、今は非連続思考をベースにした能力提供型のパートナー関係になってきています。

これにもうちょっと踏み込んだら、それはもう経営者の領域なのです。実際、**一人だけのマイクロカンパニーがたくさん集まって、ひとつの会社になる。そんな時代が来るのではないか**、と私は感じました。

もともと、こうした発想は10年以上前からありました。しかし、10年前にはまだ無理があった。必要な要素が揃っていなかったからです。ところが今は違います。

そして、**今後はあたらしい働き方を経験した人が自分で会社を作ったり、マイクロカンパニーが成長して新たなプラットフォームになっていく可能性が出てくる**と思います。

そこで認識しておきたいのが、自分が経営者になったときに、どんな会社にするべきか、ということ。あたらしい働き方を提供する会社を経営するために必要なことです。

これは「はじめに」にも書きましたが、これまで書いてきたことは、10年前の私だったら「何、理想論を言っているんだ」という感想を持ったと思います。わかるけど、無理だろう、と。ところが今回、自分で仮説を立てて、実際に17社と1組織にインタビューしてみて、確信を持ったのでした。理想に思えたことが実践されていて、しかもそういう会社が増えていて、ちゃんと成果も挙げている。むしろ、このスタイルのほうがうまくいっていたりするのです。

ただ、うまくいっているからといって、既存の古い体制にこのままあたらしいやり方を取り入れても、無理があります。今までやっていた古い会社、古い体質を持っているところでやろうとしても、結局つぶされてしまうのではないかと思います。そもそもビジネス自体が古いと、あたらしい働き方は難しいのも事実です。

やはり、新しく会社を作ったり、あたらしい部署を別に作ったりしなければいけない。そして、あたらしい会社を作ろうと考え、そこで成果を出すことを考えたとき、あたらしい働き方を意識することは必須だと思うのです。

なぜなら、そうでなければ、**優秀な人材が獲得できないから**。そもそも、**どうしてあたらしい働き方を経営者が提供するのかといえば、優秀な人材を獲得するため**、なのです。

実際、経営者が100人集まって会社を作ったら、大変な会社になります。それが究極の理想でしょう。才能ある社員を集めれば勝つことができるのです。

そのためには、**本当に優秀な人間しか集めないという強い意志**が必要です。中途半端にやってしまうと、ラクをしようとする人間ばかりが集まって、ダメな会社になりかねない。理想論だけ掲げて、社長は立派なことを言っているけれど、社員は働いていない。権利だけ主張するダメな社員ばかりが集まって、売り上げも上がらず長続きしない、つぶれてしまう、なんてことになりかねない。

本当に優秀な人たちが働きたくなるような会社を作るのです。**優秀な人たちが、一番働きたくなる会社を目指す**のです。この思いが、まずなければいけない。

そして、優秀な社員が集まってくる魅力づくりを徹底的に行う。実際、魅力的な会社を作り、働きやすい環境をうまくPRして、優秀な人材が集まる状況を作り上げれば、業績が伸びる仕組みはできていくのです。これこそ、経営者の仕事です。

一方、社歴の浅いベンチャー企業などでは、優秀な人材が集まる仕組みを作ることで、企業の成長につなげていくことができるはずです。そのための投資をこそ、するべきです。それは職場環境かもしれないし、オフィスかもしれないし、フレキシビリティかもしれない。人事制度かもしれないし、労働条件かもしれないし、カルチャーかもしれない。

あの会社で働きたい、優秀な人がたくさんいる、面白いことができそうだ、と思える環境やブランドイメージを作り上げていくことです。

辛い顔をしていないと仕事をしているように見えないなんて大嘘だ、というＳａｎｓａｎのコメントがありました。カヤックでは、会社を一つの作品としてユニークなものにしていきたい、というコメントがありました。

そのくらいのインパクトあるメッセージや取り組みに挑んでみる。そうすることで、会社は大きく変わっていくはずです。

では、あたらしい働き方の会社を作るためには、何が必要になるのか。10の要素を解説したいと思います。

あたらしい働き方の会社を作るために必要な10の要素

1 粗利が高いビジネス
2 自由から成果・利益につなげる仕組み・体制
3 社員の無駄・非効率を徹底的に排除
4 コラボレーションする環境づくり
5 オフィスのロケーションを真剣に考える
6 管理から解放、命令から合意
7 クリエイティブな人事制度
8 ルールを減らす
9 カルチャーが方向性を作る
10 社会的意義があるか

1　粗利が高いビジネス

まず、絶対条件として、粗利が高いビジネスでなければいけません。利益ギリギリの労働集約型のビジネスでは、理想を追求しようとしても難しい。利益の余裕があって初めて、いろいろな取り組みを進められるからです。

あたらしい働き方は、基本的に事前に投資をし、後から回収するスタイル。そのかわり、後からの収益は大きくなりますが、最初に投資ができる利益体質がなければ、どうしても自転車操業のようになってしまう可能性があるのです。

粗利率に余裕がある中で、その余裕を生かすことによって、さらにいい成果が挙がるスパイラルを得られるということです。

自分の業務外のことを2割はやっていい、というグーグルの20%ルールは有名ですが、これも余裕があるからできること。1%の経費を削るのに必死になっているビジネスでは、これは難しい。

しかし、余裕があれば、この20%の投資が次のビジネスを生み出すことになります。高い利益率が、こうしたスパイラルを可能にするということです。

2 自由から成果・利益につなげる仕組み・体制

あたらしい働き方といっても、社員を単に自由にすることが、必ずしもいいわけではありません。こういうことをやってもらうと成果が生まれる、という仕組みを持っていなければいけません。

経営においては、人は重要な資産であり、能力の高い社員がコミットしてくれたなら、成果は挙がるものです。問われるのは、どうすればそれができるか。これこそ、経営者の仕事です。

カヤックやチームラボは、目標がありませんでしたが、それができるのは、**個々の社員の能力をマネタイズする仕組みをビジネスとして持っているから**にほかなりません。そういうビジネスを作り上げた経営者があってこそ、なのです。

単に、社員にも目標はない、会社にもない、しかも仕組みもない、ということになれば、おそらく崩壊して終わってしまうでしょう。きちんと収益につながるビジネスモデルが最初から整えられているのです。

パタゴニアにしても、社員は世界中を飛び回る中で、本当に必要だと思われるものを見つけ、作り、そして自分でも使っていくという流れができている。それが世の中に知れ渡っていることが、いいスパイラルを生んでいます。

ただサーフィンをしたり、山登りだけをやっていたら、そこからは何も生まれません。自由な経験をどうやって製品にするか、という仕組みがなければ、形にはなっていかないのです。

したがって、表面的なことだけ真似をすることは危険です。人事制度だけを単純に真似して、ただ社員に自由を与えたら、会社がバラバラになってしまう危険もある。**自由から成果・利益につなげる仕組みづくり・体制が重要**なのです。

3　社員の無駄・非効率を徹底的に排除

今回、取材をして印象的だったのは、労働時間が短いところは意外に多くなかったことでした。ただ、無駄に長いところもなかった。フレキシブルな働き方が取り入れられていたからです。

過去の命令型のハードワークではない、あたらしいハードワークのもとでは、**社員が本気で仕事に集中できるよう、経営者は徹底的に無駄を排除する必要があります**。仕事を邪魔するものは、なくしていくということ。違う言い方をすれば、仕事だけに集中して社員に頑張ってもらえる環境を作るということです。

例えば、エバーノートは「Eliminate difficulties」と言っていましたが、**仕事以外の面倒なこと、ストレスを会社で徹底的に軽減する取り組みに挑んでいました。**ランチの提供はもちろん、家事のサポートをする。通勤のサポートをする。

ホワイトストラタスは、無駄な通勤時間を社員に使わせたくない、とリモート勤務を導入していました。また、ライフステージに合わせて働ける環境にこだわっていました。

それ以外にも、無駄なミーティングを減らす、メールを効率的にする、時間効率を上げるサポートをするなど、**ハード・ソフト両面で、多くの会社が、社員が働きやすい環境を整えようとしていました。**

そうすることで、社員は仕事に集中して向かうことができているのです。

4 コラボレーションする環境づくり

かつてはクールなオフィスやゴージャスなオフィス、高級家具に囲まれたオフィスが話題になったりしましたが、今は違います。**必要なのは、みんなのアイディアが浮かびやすかっ**

たり、コラボレーションがしやすい環境、偶然が生まれるオープンな場所づくりです。

かっこいいオフィスを作って、それを訴求ポイントにしたところで、これではあたらしい働き方を求める能力の高い人は集められません。かっこよさだけに引かれてくる、ブランド好きな人しか集まらない可能性すらある。

実質的で意味のあるオフィス環境を追求しないといけないということです。

5 オフィスのロケーションを真剣に考える

オフィスの場所も、必ずしもブランド街になければいけない、というわけでは実はまったくありません。実際、今回インタビューに行った会社で、一等地と呼ばれるところにオフィスがある会社はありませんでした。だいたい、ちょっと外れたところにあった。

それ自体、面白いことだと思いました。コストをかけてまで、本当にブランド街にいる必要があるのかどうか、ということ。**少し外れたところにオフィスを置くことで、会社としてもコストを小さくすることができるし、近所に住むことになる社員も生活コストを下げられる。**都市部と同じ給料をもらっていれば、可処分所得が増えるのです。パタゴニアやスタートトゥデイなどは、そうした狙いも持っていました。

しかし、だからといって、単に田舎に作ればいいのかというと、そういうわけではありません。セールスフォース・ドットコムは、街から刺激をもらってほしいから、とあえて都市部にオフィスを置いていました。その場所に置く合理性がきちんとあるかどうかが重要だということです。

それは、オフィスのデザインも同様です。チームラボのように、コラボレーションする環境づくりで家具や色を計算したりしている会社もある。思った以上に、**オフィスの環境は社員の働きに大きな影響を及ぼす**のです。

6 管理から解放、命令から合意

会社として目指さなければいけない方向性は、こんなキーワードの転換だと思います。**「保証、条件、権利、管理」**といったものから、**「自由、成長、チャレンジ、選択」**といったものへ。

d.schoolで聞いたのは、**管理された環境からは、クリエイティブな発想は生まれない**、というコメントでした。

そして、**心理的満足度が高いと、お互いがお互いに貢献しようという意識が生まれる**のです。それが、成果をもたらす。

ザッポスでは、こんな印象的なコメントがありました。**ハッピーな社員は、いい成果をもたらす、**と。ホワイトストラタスでは、**コントロールするのではなく、インスパイアすることが大事だ、**というコメントがありました。

管理や命令から、今世の中から求められているようなアイディアやビジネスは生まれてこないのです。支配や恐怖、強制からいいものが生まれる時代ではもはやない。

クリエイティビティのあるあたらしい働き方ができる人たちは、**「自由、成長、チャレンジ、選択」**を提供しないと、集まってこないし、いい成果も挙げられないのです。

7 クリエイティブな人事制度

人事部門がクリエイティブであることは、極めて重要です。そして、クリエイティブな人事制度を作り上げていく意識を経営者として強く持つことです。

実際、カヤックではもともとクリエイターが人事部のスタッフになっていました。Ｐｌａｎ・Ｄｏ・Ｓｅｅでも、現場のスタッフが人事として送り込まれていました。そうした発想の背景にあるのは、人事こそ最もクリエイティブな場であるべき、ということ。そして、社員も納得する、さまざまな取り組みを進めていくことが必要です。

制度づくりでは、面白いもの、ユニークなものを意識してつくっていくことも、ひとつの考え方です。面白いものにこだわるのは、2つの意味があります。ひとつは、社員が積極的に活用してくれるから。そしてもうひとつは、そのユニークさがメディアに取り上げられたりすることで、PRにも活用できるからです。

実際、Sansanは制度そのものに加えてユニークなネーミングにこだわることで、社員への浸透度を大いに高めることに成功しました。また、カヤックは、ユニークな人事制度が、メディアに大きく紹介され、会社のPRに大いに役立ちました。

クリエイティブな感覚を持った人事部をつくるのは、普通の人事ではこうした2つの狙いに対応することが簡単ではないから、ということも理由に挙げられると思います。加えて、ユニークな制度を世の中に知ってもらうPRも担う。それによって、優秀な人材への認知を広げることができるのです。

人事制度づくりも、発想の転換が必要です。

8　ルールを減らす

明文化されたルールがあると、書いてあるから従わざるを得ない、という空気を生むことになります。自らの選択で物事を推し進めることができなくなる。結果的に、依存型の社員しか残らなくなりかねないのです。

逆にルールを減らせば、自分で考えなければなりません。自分で考えて動く社員が増えていく、ということです。

ルールはわかりやすく、マネジメントに使いやすい半面、大きな落とし穴が潜んでいるということに気づいておく必要があります。

9　カルチャーが方向性を作る

明文化されたルールをどんどん減らしていって、そのかわりにカルチャーを作っていくという意識を持つことです。そのカルチャーが、会社の方向性や流れを作っていくからです。

加えてカルチャーは、この雰囲気はちょっと違う、と会社に合わない人を取り込まずに済む仕組みにもなります。例えば、ザッポスは、合う人合わない人が分かれるようなカルチャーでした。そして、合わない人は入ってこられないような仕組みになっている。研修中に合わないと思ったら、4000ドルものお金を払ってでも辞めてほしい、とお願いしているほどです。

社員の入り口となる面接は、会社にとって生命線ともいえるほど大切です。ここで、カルチャーに合わないのに、人が足りないかもしれないから採用する、といったスタンスを取ってしまうと、会社はどんどん崩れていってしまうといっても過言ではありません。ポジションが埋まらないから、などという理由で無理をして入れたりしてはいけないのです。

逆にSansanのように、ポジションはなかったけれど、どうしてもその人材が欲しかったために、ポジションを新たに作って迎え入れた、という会社もあります。自分たちのカルチャーを伸ばしていけるような人材を集めていく。採用というよりは、仲間を増やしていくような発想が必要になっているのです。

そして、**こうしたカルチャーがあるからこそ、上司の命令ではなく、ピアプレッシャーによってモチベーションは高められていく。**360度評価が行われて、社員の評価に対する満足度は高まる。結果的に会社は伸びていきます。

カルチャーといえば、カヤックで印象的なコメントがありました。楽しくない人は辞めていくのだ、と。明文化はできないけれど、暗黙のルール。そういうものも、カルチャーは生んでいくのです。

10 社会的意義があるか

ＩＤＥＯでこんなコメントがありました。１９９０年代はお金を目的に起業する若者が多かった。**今はどうやって世の中を変えるか、世の中にインパクトを与えられるか、という目的の若者が多い。**

これは起業に限ったことではないと思います。**社会的に意義がある、自分たちがやっていることが世の中を変えることにつながる、と思って働いてもらえる環境を作ることは、優秀な社員を採用するという点で大きな意味を持ってきています。**お金だけではない、という社員が集まってくるし、仕事に対する情熱も強くなります。

上場を目指すことは、今も社会的な意義のひとつであることには変わりがないと思いますが、若い人を中心にフォーカスするところは少し変わってきたような印象を私は持っています。

例えば、**上場するだけではなく、上場して世の中を変える。そのくらいのスケールのビジ**

ネスを、経営者が発想しているかどうか。そうでなければ、優秀な人材を集めることは難しくなってきているのです。

収益率の高いビジネスモデルを作りつつ、世の中にもインパクトを与えるビジネスを発想する。これは経営側にも、大変な努力が必要になるということです。しかし、そういうものができたときに、優秀な人材は集まり、強い組織を作り上げられる。経営者にとっての理想的な環境を作り上げることができるのではないかと思うのです。

DATA

あたらしい働き方 取材企業

①d.school

スタンフォード大学 d.school

URL●
http://dschool.stanford.edu/
場所●
アメリカ合衆国スタンフォード大学
デザインスクール
事業内容●
イノベーション手法を身につける
学科横断型プログラム

「今もやはり企業を牛耳っているのは、製造業時代のモデルなんです。決まった時間に出勤して8時間仕事しろ、などというのは、工場のアセンブリーラインで仕事をしている人向けの制度。それがまだ残っている。こんな環境で、さぁクリエイティブになれ、いいアイディアを出せ、とせっつかれても、うまくはいかないでしょう。もっとオープンで自由なプランやアプローチの仕方が必要です。すでに在宅勤務でいい、遠隔地でもいい、など制度を緩めている会社があるのは、少しはいい兆候ですね」(マネージング・ディレクター サラ・グリーンバーグ氏)

②Evernote

エバーノート

URL●
http://evernote.com/intl/jp/
場所●
アメリカ合衆国カリフォルニア州
レッドウッドシティ
代表者●
フィル・リービン
事業内容●
ソフトウェア・WEBサービス
売上・利益●
非公開
上場・非上場●
非上場

「休暇のときのストレスは何かというと、今回は休暇を何日取ったから、あと何日残っている、といったことを計算しながら休まないといけないのではないかと思ったんです。そういう心配をしないで休暇が取れるよう、無期限の休暇制度を設けています」(マーケティング担当VP アンドリュー・シンコフ氏)

IDEO

URL●
http://www.ideo.com/
場所●
アメリカ合衆国カリフォルニア州パロアルト
代表者●
ティム・ブラウン
事業内容●
デザインコンサルティング、
プロダクトデザイン
売上・利益●
非公開
上場・非上場●
非上場

「何時に出勤するかとか、ちゃんとした洋服を着ているかとか、机に向かって熱心に仕事をしているかとか、そんなことをチェックする人はいないですね。クライアントを怒らせないとか、本当に基本的な、これだけはやってはいけない、ということを定めておいて、それ以外は自由にしていい、という考え方です。上司はクライアントであり、プロジェクトなんです」（ＩＤＥＯ　パートナー　トム・ケリー氏）

インストラクタブルズ

URL●
http://www.instructables.com/
場所●
アメリカ合衆国カリフォルニア州サンフランシスコ
代表者●
エリック・ウィルヘルム
事業内容●
DIYウェブサイト運営
売上・利益●
非公開
上場・非上場●
非上場

「仕事上でやろうとしているのは、仕事と趣味の境界線を曖昧なものにすること。両者が溶け込むようなものにすることですね。仕事が趣味になれば、どんなに長い間、仕事をしても楽しいじゃないですか。また、何でも仕事になります。例えばミーティング中に誰かがギターを弾いていても誰も何も言いませんね。データベースがダウンして6時間かけて復旧作業にあたっても、好きな仕事だったら大変だとは思わないんですよ。みんなが会社に来たいと思わせることをやればいいんです」（CEO　エリック・J・ウィルヘウム氏）

⑤kickstarter

キックスターター

URL●
http://www.kickstarter.com/
場所●
アメリカ合衆国ニューヨーク
代表者●
ペリー・チェン
事業内容●
クラウドファウンディングサービス
売上・利益●
非公開
上場・非上場●
非上場

「給与が特に高いわけではありません。それより、社会的な影響力の大きさを魅力に感じている社員が多いです。クラウドファウンディングでお金が集まり、面白いプロジェクトが成り立っていることに興味を持っている人が多い。ミッションを実感して、そのためのプラットフォームづくりに協力したい、という意識が強いのだと思います」(広報　ジャスティン・カズマーク氏)

⑥netapp

ネットアップ

URL●
http://www.netapp.com/jp/
場所●
アメリカ合衆国カリフォルニア州
サニーベール
代表者●
トム・ジョーゲンス
事業内容●
企業向けストレージの製造・販売
売上・利益●
620億ドル
上場・非上場●
NASDAQ上場
FORTUNE's 100 Best Companies to Work for 2013●
6位

「シリコンバレーの特徴は、イノベーティブであることです。そのためには、9時から5時まで仕事をきちんとしなさい、といった固定観念に縛られないような仕事の方法を考えることが極めて大切だと思っています。この人の才能が欲しいけれど、この人がもし引っ越しをしたくないとか、通勤の移動に時間を使いたくない、ということがあれば、在宅ワークをしてもらってもいいかどうか、考えてもらうことも可能です。また、ワークスケジュールや仕事のプロセスをフレキシブルにすることもできます」(人事担当上級副社長　グウェン・マクドナルド氏)

⑦patagonia

パタゴニア

URL●
http://www.patagonia.com/jp
場所●
アメリカ合衆国カリフォルニア州
ベンチュラ
代表者●
イヴォン・シュイナード
事業内容●
アウトドアスポーツ用品
売上・利益●
（※財務情報開示なし）
上場・非上場●
非上場

「アメリカにいたときは、長いときには2、3時間くらい入っていましたね。ミーティングをやっていても、“すごい波が来ている”と誰かが言いだすと、簡単なミーティングであれば延期になったりします（笑）。このくらいになったら上がろう、という約束だけして。それは社主のイヴォンも出ていた会議だったんですが、イヴォンも真っ先に海に飛び出していきました（笑）。いい波が来たサーフィンの後のミーティングは、責任の裏づけになるので、集中したいいミーティングになります」（インターナショナル・マーケティング・ディレクター藤倉克己氏）

⑧salesforce.com

セールスフォース・ドットコム

URL●http://www.salesforce.com/jp/
場所●
アメリカ合衆国カリフォルニア州
サンフランシスコ
代表者●
マーク・ベニオフ
事業内容●
CRMソリューションを中心としたクラウドアプリケーション及びプラットフォームの提供
売上・利益●
売上16億ドル（2011年度）
上場・非上場●上場
FORTUNE's 100 Best Companies to Work for 2013●
19位

「社員を縛り付けるようなルールをたくさん作りすぎると、ガチガチの会社になってしまいます。実際、ほとんどないですね。社内ツイッターのような仕組みが自社製品にあるんですが、これもまったく自由に発信できます。不満や課題があれば、社員同士で共有して解決に向かえばいいんです。また、仕事に関しても4カ月おきに、こういうことがやりたい、と申し出ることができるオープンマーケティングという仕組みもあります」（セールスフォース・ドットコム エンプロイーサクセス　シニア・バイスプレジデント　モニカ・ファールブッシュ氏）

⑨whitestratus

ホワイトストラタス

URL●
http://www.whitestratus.com/
場所●
イギリス、アメリカ合衆国、オーストラリア他
代表者●
ブラッド・ジェファーソン
事業内容●
インターネットコンサルタント
売上・利益●
非公開
上場・非上場●
非上場

「仕事で旅が多いことを楽しんでいる社員がたくさんいる会社なんです。ある新入社員は1カ月のスイス出張で、あちこち素敵なホテルに宿泊していたようです。また、音楽が大好きで半年間ミュージシャンをして、残り半年を会社の仕事にしている社員がいます。さらに、カリブに住み、趣味の自転車を楽しんでから自宅をオフィスにして仕事をしている社員もいます」(ホワイトストラタス　COO　ショーン・ボイド氏)

⑩zappos

ザッポス

URL●
http://www.zappos.com/
場所●
アメリカ合衆国ネバダ州ヘンダーソン
代表者●
トニー・シェイ
事業内容●
靴を中心としたアパレル関連の通販サイト
売上・利益●
売上1500億円(2010年度推定)
上場・非上場●
非上場
FORTUNE's 100 Best Companies to Work for 2013●
31位

「給料は過剰には出していません。平均的だと思います。ですから、お金のために来るような人を、魅惑するような方法は採っていません。お金は平均的にきちんと満たしているけれど、それ以上のものが会社にある。そこに関心を持ってもらえるようなスタンスを取っています。かつてはストックオプションもありましたが、何年かで終わってしまいました。今はお金ではなく、バリューのために人が来てくれるような会社づくりを目指しています」(人事担当マネジャー　ホリー・ディレイニー氏)

⑪kayac

カヤック

URL●
http://www.kayac.com/
場所●
神奈川県鎌倉市小町
代表者●
柳澤大輔
事業内容●
インターネットコンテンツ制作
売上・利益●
売上高23億16百万円、営業利益59百万円
(ともに2011年)
上場・非上場●
非上場

「IT系では少ないと思います。でも、いいところなんです。サーファーが多いから、水着が中に干してある、なんて会社も多いですしね。夏はサンダルばきです。海の家が近いから、そこでランチをしたり。そういうところに価値を置いている人が集まっている気がします。昼過ぎにちょっと海に行って、海風に当たりながらブレストしたり。この環境は最高だよね、っていう思いを持っている人は多いかもしれません。それも人生の価値じゃないですか」(代表取締役社長　柳澤大輔氏)

⑫Sansan

Sansan

URL●
http://www.sansan.com/
場所●
東京都千代田区九段南
代表者●
寺田親弘
事業内容●
名刺管理クラウドサービスの企画・開発・販売
売上・利益●
(※財務情報開示なし)
上場・非上場●
非上場

「ネーミングが変わっていますので、思いつきでやったような制度に思われるかもしれませんが、まずは課題があって、それに対する解として、制度を作り出しているんです。どに〜ちょの場合は、土日のほうがオフィスは静かなので、集中できるという声が多かった。申告してもらえれば、平日の水曜日を休む代わりに土曜日に出る、といったことが可能です。イエーイは、現在は月4回の在宅勤務を可能にしています」(代表取締役社長　寺田親弘氏)

⑬starttoday

スタートトゥデイ

URL●
http://www.starttoday.jp/
場所●
千葉県千葉市美浜区
代表者●
前澤友作
事業内容●
ファッションショッピングサイト運営
売上・利益●
売上高318億6百万円、営業利益77億4百万円(ともに2012年３月期)
上場・非上場●
東証１部上場

「若いんだから、夜中まで残業できる体力がある。1日15時間、20時間働いて、若いうちにいろんな経験をすることが大事だ、という若い人が実はいるんです。でも、そういう人は結局、会社内での勉強しかできないんですね。外からのインプットがなくなる。だから、ものすごく凝り固まった人間になりがちなんです。そうじゃなくて、会社で勉強できることは6時間と割り切って、15時間、20時間学びたいなら、会社以外の勉強や経験をしたほうがいいと思っています」(代表取締役　前澤友作氏)

⑭team-Lab

チームラボ

URL●
http://www.team-lab.com/
場所●
東京都文京区本郷
代表者●
猪子寿之
事業内容●
インターネットメディア、ソフトウェア開発
売上・利益●
非公開
上場・非上場●
非上場

「売り上げ目標？　ないですね。個人の予算もない。そもそも営業もいません。働く空間や環境で、集団のクリエイティビティや生産性がどう上がるかだけを最重要視しています。コミュニケーション能力もいらないですね。今の時代って、言葉で説明できて理解できることって、くだらないものだから。iPhoneも他のスマホも、言葉で説明したら変わらないじゃないですか。でも、両者は全然違うものでしょう」(代表　猪子寿之氏)

⑮dle

ディー・エル・イー

URL●
http://www.dle.jp/
場所●
東京都千代田区麹町
代表者●
椎木隆太
事業内容●
フラッシュアニメ制作
売上・利益●
非公開
上場・非上場●
非上場

「会社に帰属するのは、かつてフリーだった彼らにとっては本来、不本意かもしれません。でも、自分たちにとって、夢を実現させるための一番の道がdleという会社に所属することだと気づいたんだと思います。他のヒットコンテンツの利益とのポートフォリオで新たな仕掛けができる、これまで築き上げてきたテレビ局との信頼もある。個人レベルではできない仕事ができるという魅力を担保してあげることで、お互いにいい関係が築けると考えています」（代表取締役　椎木隆太氏）

⑯plan do see

Plan・Do・See
（プラン・ドゥ・シー）

URL●
http://www.plandosee.co.jp/
場所●
東京都千代田区丸の内
代表者●
野田豊加
事業内容●
ホテル・レストランの経営、運営、
ウエディングのプロデュース
売上・利益●
売上180億円（2012年12月実績）
上場・非上場●
非上場
働きがいのある会社ランキング2013●
3位（2013年）

「国内のレストランに食べにいくと、簡単なレポートを書くことが条件ですが、半額が会社負担になります。ホテルへの宿泊であれば、ホテルに泊まったら3万円を上限に補助があります。あとは、芸術です。ミュージカル、美術館、歌舞伎、能など、どんどん文化を味わってきてほしい、と伝えています。若い社員が多いですから、こうした文化的な感性は圧倒的に足りない。刺激を受けて、鍛えていく必要があると考えています」（キャスティング室室長　笹山剛史氏）

⑰liverty

Liverty

URL●
http://liverty.jp/
場所●
東京都中央区
代表者●
家入一真
事業内容●
インターネットのプラットフォーム運営
売上・利益●
非公開
上場・非上場●
非上場

「今、200人ほどのメンバーがいますが、大学生もいればニートもいるし、主婦も経営者もいます。年齢も職業もさまざまな人たちが集まって、平日の夜や土日を使っていろんなビジネスを創ったり、ウェブサービスを作ったりする。ビジネスを作っていくという実験をしています」(代表 家入一真氏)

⑱works applications

ワークス アプリケーションズ

URL●
http://www.worksap.co.jp/
場所●
東京都港区赤坂
代表者●
牧野正幸
事業内容●
パッケージソフトの開発・販売・保守
売上・利益●
売上222億12百万円(2012年6月期)、
営業利益7億79百万円(2012年6月期)
上場・非上場●
非上場
働きがいのある会社ランキング2013●
４位(2013年)

「確かに社員は働きがいを感じていると思いますが、働きがいのある会社だと思って入ってこようという人が増えると困ってしまう。調査に協力した一番の大きな理由は、社会からこの会社はいい会社だと思われたいということではなくて、社員がどう感じているかを社員にわかってもらいたかったからです。当社に適性がある人にはすごく働きがいを感じると思いますが、そうじゃない人にとっては、働きづらい会社かもしれません」(代表取締役社長　牧野正幸氏)

[著者]

本田直之（ほんだ・なおゆき）

レバレッジコンサルティング株式会社代表取締役社長兼CEO
シティバンクなどの外資系企業を経て、バックスグループの経営に参画し、常務取締役としてJASDAQへの上場に導く。
現在は、日米のベンチャー企業への投資事業を行うと同時に、少ない労力で多くの成果をあげるためのレバレッジマネジメントのアドバイスを行う。
東京、ハワイに拠点を構え、年の半分をハワイで生活するデュアルライフを送っている。
著書に、ベストセラーになったレバレッジシリーズをはじめ、『LESS IS MORE 自由に生きるために、幸せについて考えてみた。』（ダイヤモンド社）、『ノマドライフ』（朝日新聞出版）や、25万部を超えるベストセラーとなった『面倒くさがりやのあなたがうまくいく55の法則』『ゆるい生き方』『7つの制約にしばられない生き方』（以上、大和書房）、『ハワイが教えてくれたこと。』（イースト・プレス）などがある。
著書は累計200万部を突破し、韓国、台湾、中国で翻訳版も発売されている。
日本ファイナンシャルアカデミー、コーポレート・アドバイザーズ、米国Global Vision Technology社、アスロニア、アロハテーブル、コポンノープ、アキュム等多数の企業の取締役を兼務。経営者を中心としたトライアスロンチーム、TeamAlapaを主宰する。
サンダーバード国際経営大学院経営学修士（MBA）
明治大学商学部産業経営学科卒
㈳日本ソムリエ協会認定ワインアドバイザー
アカデミーデュヴァン講師
上智大学非常勤講師。

http://www.leverageconsulting.jp
http://twitter.com/naohawaii
http://www.facebook.com/naohawaii

あたらしい働き方

2013年6月6日　第1刷発行

著　者――本田直之
発行所――ダイヤモンド社
〒150-8409　東京都渋谷区神宮前6-12-17
http://www.diamond.co.jp/
電話／03･5778･7227（編集）03･5778･7240（販売）
装丁――水戸部功
本文デザイン―中井辰也
編集協力――上阪徹
取材コーディネート―瀧口範子、シェリーめぐみ
製作進行――ダイヤモンド・グラフィック社
印刷･製本―ベクトル印刷
編集担当――土江英明

ISBN 978-4-478-02380-8